中国票据市场研究

（2022年第2辑 总第11辑）

中国票据研究中心 编

中国金融出版社

责任编辑：黄海清
责任校对：李俊英
责任印制：程　颖

图书在版编目（CIP）数据

中国票据市场研究. 2022年第2辑／中国票据研究中心编.
—北京：中国金融出版社，2022.9
　　ISBN 978-7-5220-1743-3

　　Ⅰ.①中…　Ⅱ.①中…　Ⅲ.①票据市场—中国—文集
Ⅳ.①F832.5-53

中国版本图书馆CIP数据核字（2022）第163179号

中国票据市场研究 . 2022年第2辑
ZHONGGUO PIAOJU SHICHANG YANJIU. 2022 NIAN DI-2 JI
出版
发行　**中国金融出版社**
社址　北京市丰台区益泽路2号
市场开发部　（010）66024766，63805472，63439533（传真）
网上书店　www.cfph.cn
　　　　　（010）66024766，63372837（传真）
读者服务部　（010）66070833，62568380
邮编　100071
经销　新华书店
印刷　河北松源印刷有限公司
尺寸　185毫米×260毫米
印张　6.25
字数　87千
版次　2022年9月第1版
印次　2022年9月第1次印刷
定价　49.00元
ISBN 978-7-5220-1743-3
如出现印装错误本社负责调换　联系电话（010）63263947

编 委 会

目　录

特　　稿

日本电子记录债权发展及
对我国的启示

上海票据交易所课题组

[摘　要]　2007年，日本通过《电子记录债权法》，并于2008年12月1日正式实施。日本选择创设电子记录债权有其深厚的法律、经济和社会背景，其在产品创新过程中，始终以企业的实际需求为落脚点，使其制度框架具有相当的包容性、灵活性和广泛适用性。特别值得关注的是，在电子记录债权推行过程中，日本政府始终坚持同一类产品应遵循同一监管规则的功能监管原则，将各类应收债权纳入统一的监管框架，有效地防范了监管套利和金融风险。

[关键词]　电子记录债权　功能监管

一、日本创设电子记录债权的背景及原因

（一）电子记录债权创设背景

1. 金融机构出于风险规避减少对中小企业的融资支持。进入21世纪初，日本泡沫经济破裂过去10年，经济发展尚未复苏，企业经营面临严峻考验，而亚洲金融危机进一步加剧了中小企业的经营困境。金融机构出于风险防控，减少对中小企业的融资支持，导致日本中小企业银行融资（主要指信用贷款、不动产担保融资和个人担保融资等）规模不升反降，从1995年的262万亿日元持续

下降至2013年的175万亿日元①。

在此期间，日本信息化技术逐渐应用于全球商业和金融领域，日本政府决定在内阁设立信息通信技术战略总部（IT战略总部），并在次年开始推进"e-Japan战略I"，从而构筑信息化技术社会。"e-Japan战略I"重点关注了四个领域的发展：建设超高速网络基础设施、推动电子商务及金融市场模式创新（商业票据、企业债电子化）、建设电子化政务系统、培养信息人才。因推广力度较大，"e-Japan战略I"信息化目标提前在2003年实现。2003年，日本内阁会议通过"e-Japan战略Ⅱ"，对日本信息化建设的重点和发展方向作了较大调整，重点推进信息技术在中小企业融资、教育、医疗、食品、生活、就业和行政七个领域的应用。

2. 企业应收账款资产规模居高不下，亟待有效盘活。银行信用的萎缩为商业信用的发展提供了土壤。根据日本财政部财务综合政策研究所公布的数据（见图1），1987年至2005年，日本应收账款余额一直保持在150万亿至200万亿日元，2007年更是达到216万亿日元，高于企业的现金和存款余额。参考其他发达国家的经验，日本政府逐渐意识到盘活存量应收账款资产流动性对拓宽中小企业融资具有重要意义。但应收账款存在真实性和所有权核实成本较高、有双重转让风险、手续烦琐、流动性较差、融资业务不规范统一、债务人可行使抗辩权等弊端，因而制约了应收账款融资功能的发挥。对此，日本在1998年制定了《应收账款转移特别法》，要求债权转让需要在东京法务局的债权转移档案系统②中进行登记。这一措施可以有效降低应收账款双重转移的风险，但此项功能没有解决应收账款的债务人抗辩问题，且手续仍较为烦琐，推广工作并不成功。

---

① 数据来源：https://www.chusho.meti.go.jp/pamflet/hakusyo/2019/PDF/chusho/00Hakusyo_zentai.pdf，第13页。
② 日本在1998年推出的针对不动产转让的信息登记系统，可登记债权债务关系，但债权转让仍遵从民法规定，债务人也有抗辩权。

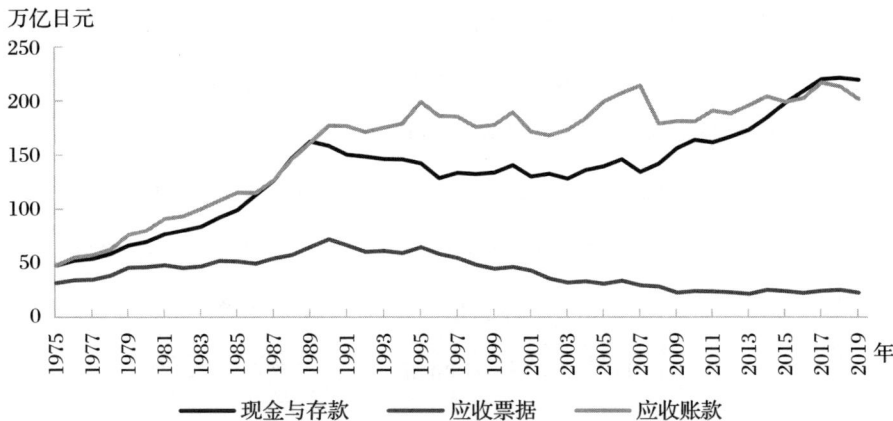

图1　日本全产业应收账款与票据余额（除金融与保险业）

（数据来源：https://www.mof.go.jp/pri/reference/ssc/index.htm，历年日本财政部
财务综合政策研究所《法人企业统计年报》）

3. 纸质票据弊端逐步显现，企业使用票据的积极性减退。票据是应收账款的一种，是商业信用规范化的表现形式，票据权责清晰、法律关系明确，可以有效解决应收账款融资转让中存在的问题。但不同于应收账款，日本企业票据使用规模自20世纪90年代初呈现不断下降趋势[①]。截至2019年末，日本企业应收票据余额约为23万亿日元，约为应收账款余额的11.27%。据日本金融机构反映，日本作为票据王国，自江户时代以来，企业间贸易经常会使用纸质商业本票进行结算。但随着信息技术的发展，纸质商业本票的劣势不断凸显，包括签发保管成本高、业务手续烦琐、遗失盗窃风险、不可分割转让、有税费负担等，且1987年日本商业票据（Commercial Paper）市场成立后，日本政府对传统票据市场的支持逐步减少，纸质票据弊端使企业以纸质票据替代应收账款的意

[①] 日本票据结算数量和金额分别从1990年历史峰值的38274.5万张和4797.2906万亿日元（约313.455万亿元人民币），最终减少到2019年的4763万张和183.9808万亿日元（约12.02万亿元人民币）。日本票据结算数量和金额由全国银行业协会根据日本全国票据交换所票据结算数据汇总获得，不经由交换所而直接通过银行内部结算的票据数据并未统计在内。资料网站：https://www.zenginkyo.or.jp/。

愿下降①，商业本票规模总体呈现下降趋势②。

4.日本签署日内瓦公约，单方面推行电子票据存在难度。推行电子票据一方面可以解决纸质票据使用过程中存在的弊端，另一方面以电子票据替代应收账款，有助于降低应收账款融资难度。但考虑到1930年日本作为缔约国签署了《日内瓦统一汇票本票法公约》，日本企业在国际贸易中使用的票据遵守公约要求，且日本的《票据法》是以日内瓦《日内瓦统一汇票本票法公约》为基础制定的，日本政府认为，脱离公约单方面推行电子票据难度较大③。

（二）电子记录债权创设的原因

总结日本电子记录债权创设的背景和原因如下：（1）经济下行导致企业经营困难，企业从银行等金融机构获得融资难度加大；（2）银行信用的收缩使以商业信用为基础的应收账款规模居高不下，但应收账款转让或质押融资存在诸多不便；（3）通过发展票据可以解决应收账款融资不畅的问题，但纸质票据弊端导致企业用票积极性不足；（4）由于日本1930年签署了《日内瓦统一汇票本票法公约》，日本政府认为单方推行电子票据存在难度，通过电票替代应收账款的方式受阻。由此，2004年，日本IT战略总部开始研讨创设能够克服纸质票据（商业本票）和应收账款缺陷的第三种金钱债权及其独立法律框架。

---

① 为缩短支付期限、减轻交易成本、降低企业负担和提高经济运行效率，2021年2月，日本经济产业部决定在2026年前完全废止纸质商业本票，用银行转账与电子记录债权完全替代纸质商业本票。资料网站：https://www.value-press.com/pressrelease/280203。

② 根据日本全国银行业协会《2019年度商业本票和支票功能电子化状况调查报告书》，票据结算量包括商业本票、支票和其他票据，其结算数量占比分别约为20%、60%和20%，结算金额占比分别约为10%、65%和25%。据此估算1990年日本商业本票的结算数量和金额分别约为3800万张和960万亿日元（约60万亿元人民币），达到历史峰值，此后呈现持续下降趋势，至2019年商业本票的结算数量和金额分别为480万张和36万亿日元（约2.3万亿元人民币）。资料网站：https://www.zenginkyo.or.jp/。

③ 资料来源：金融厅和法务省关于《电子记录债权》的说明，第10页关于为什么没有直接推行电子票据，日本政府部门的回答是：由于（日本）《票据法》以《日内瓦统一汇票本票法公约》为基础，除非废除该公约，否则很难实现票据的无票面化。网址：https://www.fsa.go.jp/ordinary/densi02.pdf。

二、《电子记录债权法》的主要内容和特点

（一）《电子记录债权法》发布过程

2005年，由IT战略总部牵头，日本经济产业部、法务省和金融厅三部门共同研讨新型金钱债权创设工作，汇总形成《关于电子债权①的基本想法》。此后，2006年，日本金融厅金融审议会围绕电子债权记录机构营运方式等议题进行讨论，形成《电子登录债权法的制定》。2007年2月，日本法务部针对电子记录债权法的基本性质等进行讨论，形成《电子登录债权法律制度的纲要》。相关立法工作经日本金融厅和法务部共同推进，最终于2007年在日本国会上正式通过《电子记录债权法》（平成19年法律第102号），并于2008年12月1日正式实施。与此同时，日本相关政府部门以《电子记录债权法》为核心，开展电子记录债权相关配套制度的制定工作。

根据日本金融厅和法务省关于《电子记录债权法》的说明②，"电子记录债权"是与现有应收账款和票据不同的新型货币债权，需要以电子债权登记机构的备案登记作为其生成或转让的必要条件。全新债权的机制设计可以确保债权转让的安全性和便利度，消除纸质票据和应收账款的缺陷，便于企业盘活债权进行融资。该说明指出，电子记录债权作为不同于票据和应收账款的债权形式而创设，不会对传统的票据或应收账款进行任何更改。因此，当事人可自由决定是否使用电子记录债权，也可以继续像以前一样使用票据或应收账款。

（二）《电子记录债权法》内容概述

《电子记录债权法》是日本电子记录债权核心制度，整体内容分为5个章节，共计100条：第1章为总则，共2条，明确立法目的、相关定义；第2章为电

---

① 日本政府在研讨过程中曾使用"电子债权""电子登录债权"等临时名称，提交法案时正式将其命名为"电子记录债权"。

② 网址：https://www.fsa.go.jp/ordinary/densi02.pdf。

子记录债权的发生、转让，共48条，围绕电子记录和意思表示，对电子记录债权的发生、转让、消灭、变更、保证、质押、分割进行了明确；第3章是电子记录债权机构，共35条，对电子记录债权机构的业务、账户间结算措施、监督、企业合并分割转让、解散等进行了明确；第4章是附则，共7条；第5章为罚则，共8条。

（三）电子记录债权的特征

1.电子记录债权是以登记机构的电子记录为必要条件。根据《电子记录债权法》定义，电子记录债权是指以磁盘等载体上记录的电子记录内容作为发生、转让等效力要件的新型金钱债权。因此，电子记录债权的发生和转让以电子债权登记机构的登记为有效要件，债权内容由电子记录的内容确定。

2.电子记录债权具有要式性的特征。《电子记录债权法》第16条规定，电子记录债权发生记录不可缺少债务人支付一定金额的意思表示内容、支付日期、债权人的姓名及住址、债务人姓名及住址、记录编号、电子记录产生的日期等8个法定必要记录事项，缺少上述要件，则电子记录无效。因此，电子记录债权行为必须依照《电子记录债权法》的规定，在电子记录簿上记载完整法定必要记录事项才能发生法律效力。电子记录债权的基本格式见图2。

3.电子记录债权具有文义性的特征。《电子记录债权法》第9条规定，电子记录债权的内容由债权记录的内容确定。因此，即使电子记录的具体记录事项与当事人的真意或实质关系不符，未经法定程序变更，仍然依照电子记录确定。电子记录债权人不得以电子记录簿上未登记的事项向电子记录债务人主张，电子记录债务人也不得以电子记录簿上未登记的事项对抗电子记录债权人。

4.电子记录债权具有无因性的特征。《电子记录债权法》第20条规定，电子记录债务人不得以其与受让人前手之间抗辩事由对抗电子债权记录债权人。但是，该债权人明知存在抗辩事由而取得电子记录债权的除外。

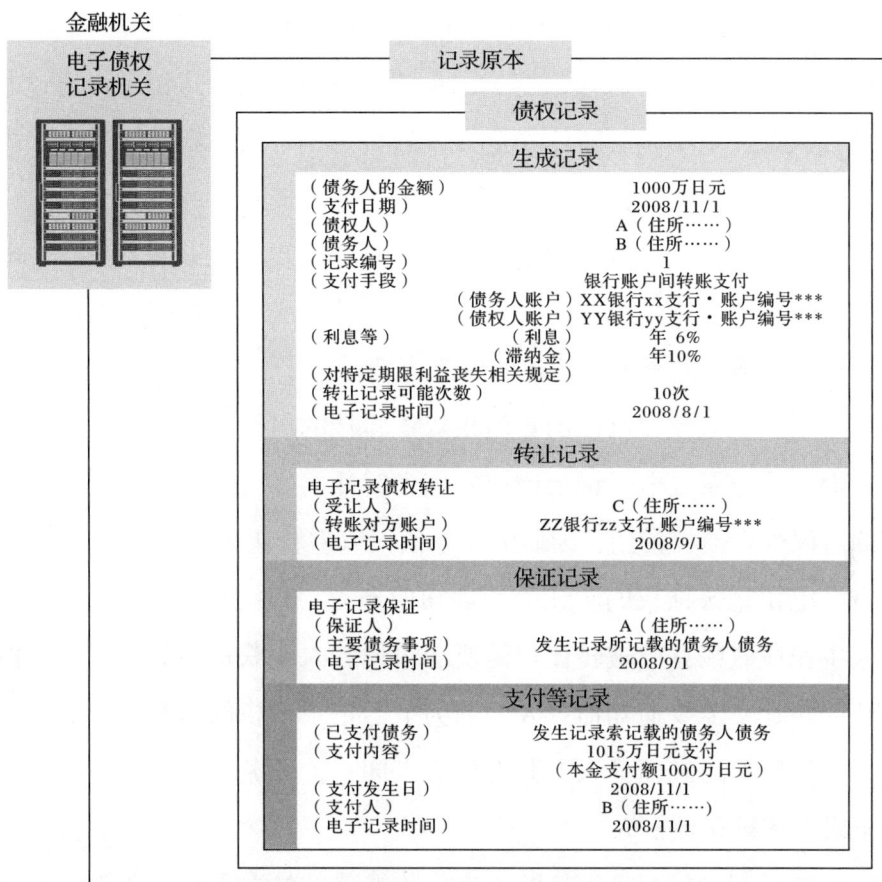

图2　电子记录债权的基本格式

（数据来源：金融厅和法务省关于《电子记录债权》的说明，第3页。
网址：https://www.fsa.go.jp/ordinary/densi02.pdf）

5.电子记录债权具有独立性的特征。《电子记录债权法》第9条规定，电子记录债权行为人的意思表示无效或被撤销时，不可对抗无重大过失的善意第三人，其他电子登记债权行为的效力不受影响①。

6.电子记录债权转让无须通知债务人。《电子记录债权法》第18条规定，电子记录债权转让记录只要求提供电子记录债权转让的意思表示内容、转让人的姓名及住址、受让人的姓名及住址、电子记录的日期等，因而不需要通知债务人。

———————————

① 崔聪聪.日本电子记录债权法研究[M].北京：北京邮电大学出版社，2015.

（四）电子记录债权机制设计缓解了应收账款融资弊端

日本金融厅和法务省认为，电子记录债权以电子化形式记录，通过制度设计使其具有债权关系明确、转让安全方便的特点，针对性解决了应收账款融资弊端，有效满足了中小企业通过应收账款融资的需求。

第一，从法律层面明确债权债务关系。根据《电子记录债权法》，电子记录债权的信息以电子记录机构的登记为必要条件，必要记载事项明确了债权债务关系，从而保障了电子记录债权的可流通性。

第二，电子记录债权可以消除债权双重转让的风险。应收账款存在双重转让风险，而电子记录是电子记录债权发生和转让的必要条件，不能仅通过当事人之间的协议进行债权转让，因而消除了债权双重转让的风险。

第三，电子记录债权的转让无须通知债务人。根据日本《民法典》，为了向债务人主张应收账款已被转让，需要通知债务人或获得债务人同意。但电子记录债权的转让不需要通知债务人，因为电子记录债权的存在和归属都是电子记录的。即使没有通知债务人或获得债务人同意，债务人也可以通过电子记录（债权记录）来确认债权人。

第四，电子记录债权抗辩切断。在应收账款的情况下，债务人能够以作为权利生成原因的买卖合同等无效为由，拒绝支付。但电子记录债权债务人不能以上述情况为由拒绝向受让人付款。

第五，电子记录债权融资方式较为丰富。为了进一步满足中小企业的融资需求，日本还出台了一系列适用于电子记录债权的融资方式，包括电子记录债权贴现、基于电子记录债权的一揽子转让型保理（反向保理）、银团贷款、应收债权和动产抵押贷款（Asset Based Lending，ABL）以及应收债权证券化［票据债权/应收债权流动化、ABCP/ABL（Asset Backed Loan）］等。

（五）电子记录债权业务模式

1.电子记录债权的生成（图3中步骤①）。债权人和债务人均向电子债权登记机构请求"生成记录"，电子债权登记机构在记录登记簿中制作"生成记录"，生成电子记录债权。

2.电子记录债权的转让（图3中步骤②）。转让人和受让人均向电子债权登记机构请求"转让记录"，电子债权登记机构通过在记录登记簿中制作"转让记录"的方式，转让电子记录债权。

3.电子记录债权的消灭（图3中步骤③④⑤）。当使用金融机构从债务人账户向债权人账户付款时，电子记录债权将被消灭，电子债权登记机构在收到金融机构的通知后，将立即进行"支付等记录"。

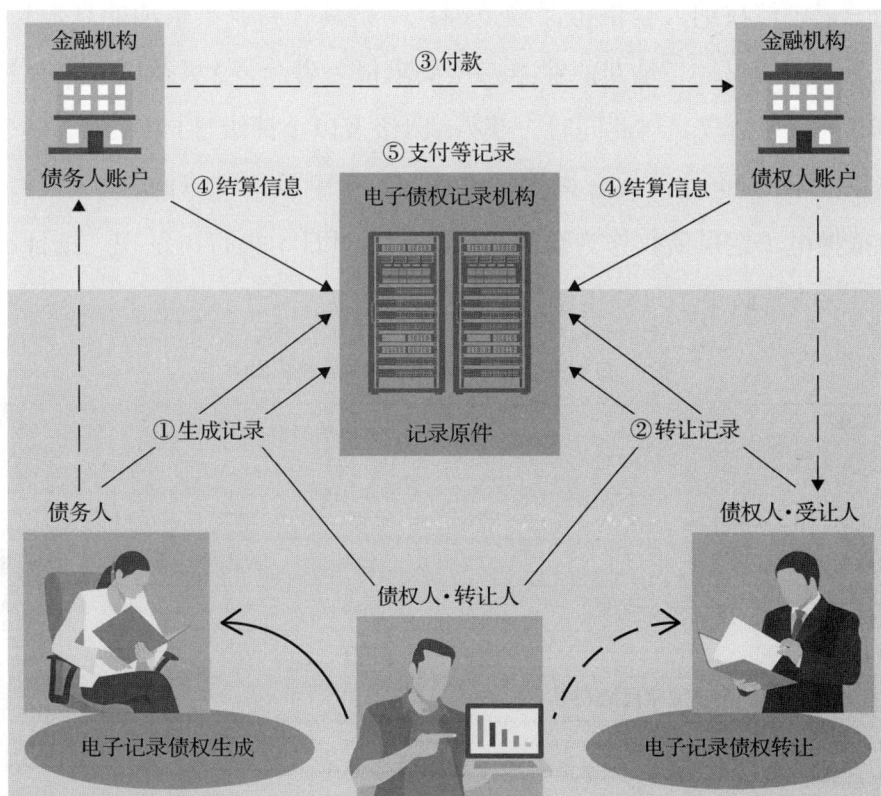

图3　电子记录债权业务流程

（六）电子记录债权其他配套制度

1.日本信用担保协会信用担保制度。依据《中小企业信用保险法》，日本信用担保协会通过日本政策金融公库株式会社为中小企业融资提供保证金补充和损失赔偿等担保支持。2013年，日本政府修订《中小企业信用保险法》，将电子记录债权纳入信用担保制度担保对象，允许日本信用担保协会对中小企业电子记录债权贴现和基于电子记录债权的应收债权及动产担保融资进行担保。

2.日本中央银行法与合格担保物制度。2008年，修订后的《日本中央银行法》明确中央银行常规业务包括"票据、国债和其他有价证券以及电子记录债权为担保的借贷和买卖"。2013年10月，日本银行（日本央行）修订《合格担保物使用基本要领》，将满足以下任一条件的债务者为企业的5家电子债权记录机构电子记录债权纳入合格担保物范围：一是具有商业本票功能且最长期限1年的电子记录债权；二是非商业本票型要求债务者获得A级及以上评级且10年期内的电子记录债权。与此同时，获得A-1级及以上评级且1年期内的基于电子记录债权的ABCP也被纳入合格担保物范围。金融机构可以向日本银行（日本央行）抵押电子记录债权作为合格担保物，通过日本央行再贴现、抵押补充贷款和当日透支等政策工具获得融资支持（见表1）。

表1　日本央行电子记录债权相关合格担保物

担保物类型	剩余存续期				
	1年内	1~3年	3~5年	5~7年	7~10年
债务者为企业的电子记录债权	96%	92%	86%	81%	73%
债务者为政府的电子记录债权	97%	97%	92%	90%	86%
债务者为地方公共团体的电子记录债权	97%	96%	91%	88%	83%
政府担保电子记录债权	97%	97%	92%	90%	86%
资产担保短期债券（含电子记录债权ABCP）	96%	/	/	/	/

资料来源：https://www.boj.or.jp/mopo/measures/mkt_ope/operule01.htm/，日本中央银行《合格担保物担保价格》。
注：本表所指企业不含银行、证券、短资和保险等金融商品交易企业等。①

3.金融商品交易法。根据2021年5月最新发布的日本《金融商品交易法》，该法将特定电子记录债权纳入"类有价证券"范畴。根据《金融商品交易法》

① 日本银行.有关"日本银行担保合格性判定依赖手续事务指南特则"的制定事宜[Z].2019.

第5章第4节规定，特定电子记录债权是指具有流动性的电子记录债权。目前，在不同基础设施登记的电子记录债权流动性存在区别，其中日本电子债权机构株式会社、瑞穗电子债权记录株式会社登记的部分电子记录债权、全银电子债权网络株式会社（Densai）登记的电子记录债权是可转让的。据日本金融机构反映，由于5个基础设施之间的系统尚未连接，金融机构为企业提供融资后，一般都持有电子记录债权至到期[①]，并未开展电子记录债权资产交易。

三、日本电子记录债权基础设施情况

《电子记录债权法》发布后，日本先后成立5家电子记录债权基础设施，

表2　日本5家电子债权记录机构情况

公司名称	日本电子债权机构株式会社JEMCO	SMBC电子债权记录株式会社	瑞穗电子债权记录株式会社	全银电子债权网络株式会社Densai	Tranzax电子债权株式会社
注册资本	22亿日元	5亿日元	7.5亿日元	25亿日元	11亿日元
控股股东	三菱UFJ保理株式会社（100%）	三井住友银行（100%）	瑞穗银行（100%）	日本全国银行业协会（100%）	Tranzax株式会社（100%）
设立时间	2008年6月	2009年4月	2010年1月	2010年6月	2012年4月
开业时间	2009年7月	2010年7月	2010年10月	2013年2月	2016年7月
参与机构	三菱UFJ金融集团及45家加盟金融机构	三井住友银行及若干家地方性金融机构	瑞穗银行、瑞穗信托银行和瑞穗保理公司	499家金融机构（包括日本所有银行）	Tranzax及十几家地方性金融机构
服务对象	所属财阀集团或加盟金融机构的大型和中坚企业客户及其供应链中小企业债权人			日本国内所有类型企业（尤其是脱离于三大银行所属财阀集团供应链的全国中小企业）	
机构定位	财阀型集团内部供应链支付结算与融资平台			全国性金融市场基础设施	电子记录债权金融科技公司
使用企业数	132319家截至2020年末	未公开	约97000家截至2017年末	469692家截至2021年末	未公开

资料来源：各家电子记录机构网站。

[①] 据日本金融机构反映，三大银行所在集团内的电子记录债权主要登记在自有的电子记录机构，但平台参与金融机构较少，交易活跃度低；Densai虽然接入了较多的金融机构，但提供的服务并未扩展到融资后的交易，且大的金融机构主要在自有基础设施开展业务。此外，由于5家基础设施系统未对接，不支持跨基础设施的交易。

分别是日本电子债权机构株式会社、SMBC电子债权记录株式会社、瑞穗电子债权记录株式会社、全银电子债权网络株式会社（Densai）和Tranzax电子债权株式会社，提供电子记录债权登记托管、支付结算、信息服务和融资协助等功能（见表2）。

（一）三大银行组建服务于供应链的电子记录债权基础设施

2008年至2009年，经日本金融厅特许，日本三大银行三菱UFJ银行、三井住友银行和瑞穗银行分别设立日本电子债权机构株式会社、SMBC电子债权记录株式会社和瑞穗电子债权记录株式会社3家电子债权记录全资子公司，主要服务三大财阀及相关的供应链企业，主导型业务是供应链企业间应收账款的电子化登记，并提供相应的融资服务。

1. 日本电子债权机构株式会社[①]。2008年6月，三菱UFJ银行（旧：三菱东京UFJ银行）设立全资子公司日本电子债权机构设立调查株式会社，注册资本22亿日元，成为日本第一家电子债权记录机构。2009年6月，日本电子债权机构设立调查株式会社更名日本电子债权机构株式会社（Japan Electronic Monetary Claim Organization，JEMCO）[②]。2009年11月，日本大型食品企业Kagome通过JEMCO登记日本第一张电子记录债权。JEMCO主要为三菱UFJ银行和JEMCO加盟金融机构的供应链企业客户提供服务。截至2021年末，JEMCO参与企业数132319家，会员金融机构共有44家银行。在JEMCO登记的电子记录债权有两类：一类是具有流动性的电子记录债权，JEMCO称其为"电子票据"，业务规则与纸质票据较为相似；另一类是不具有流动性的电子记录债权，是普通应收账款的电子化记录，主要是实现应收账款融资过程中的确权与转让。根据

[①] 资料来源：https://www.jemc.jp/。

[②] 2020年6月，JEMCO经股权转让成为三菱UFJ保理株式会社（The Mitsubishi UFJ Factors Limited）全资子公司。三菱UFJ保理公司由三菱UFJ银行于1977年全资设立，主营业务包括保理业务、代理回收业务及基于电子记录债权的一揽子转让型保理业务。

JEMCO公布的数据，截至2021年末，JEMCO共登记"电子票据"401415件，余额4.50万亿日元。2021年全年新增登记数1204225件，新增发生记录金额14.98万亿日元。

2. SMBC电子债权记录株式会社[①]。2009年4月，三井住友银行（SMBC）设立全资子公司SMBC电子债权记录株式会社（以下简称SMBC电子），注册资本5亿日元。2010年7月，SMBC电子自有电子债权记录系统正式营运，主要为三井住友银行和若干地方性金融机构的供应链企业客户服务。SMBC电子登记的电子记录债权不可流转，只能通过保理、贷款、证券化等形式进行融资。因此，SMBC电子的电子记录债权不具有支付功能，融资后也不能在机构间转让。

3. 瑞穗电子债权记录株式会社。2010年1月，瑞穗银行设立全资子公司瑞穗电子债权记录株式会社（Mizuho Electronic Monetary Claim Recording Co., Ltd.，以下简称瑞穗电子），注册资本7.5亿日元。瑞穗电子协助瑞穗金融集团的瑞穗银行、瑞穗信托银行和瑞穗保理公司，为大型企业和中坚企业客户及其供应链中小企业提供服务。瑞穗登记的电子记录债权与JEMCO较为相似，有两类电子记录债权供企业选择，其中有流动性的电子记录债权与票据功能相似。

（二）银协建设全国性电子记录债权基础设施Densai[②]

2010年6月，日本全国银行业协会设立全资子公司全银电子债权网络株式会社（Densai.net Co., Ltd., Densai），注册资本25亿日元，服务于所有类型的企业。2012年，Densai在406家企业内部进行试运行。2013年2月，Densai正式面向所有类型企业服务。

根据全国银行业协会和Densai共同发布的《Densai机制与实务》，Densai

---

① 资料来源：https://www.smbc.co.jp/hojin/denshisaiken/。
② 资料来源：https://www.densai.net/。

是定位于商业本票电子化和应收账款电子票据化登记的全国性基础设施，全国银行业协会所有会员银行499家均参与其中，面向所有类型企业尤其是中小型企业提供普惠性的电子记录债权记录和流通服务。Densai登记的电子记录债权格式、功能与票据相似，且协助金融机构为持电子记录债权企业提供贴现融资，并继承了日本票据的"不渡"机制和追索机制，因此Densai的电子记录债权被一些文献解读为日本的"电子票据"。截至2021年6月末，Densai平台上登记的企业达到46万家，登记的电子记录债权余额达到8.52万亿日元。

（三）金融科技公司设立的电子记录债权基础设施Tranzax[①]

2012年，具有日本中央银行背景的金融科技公司Tranzax株式会社（旧：日本电子记录债权研究所）设立全资子公司Tranzax电子债权株式会社，注册资本11亿日元。作为唯一的非银系电子债权记录机构，Tranzax电子债权株式会社登记的电子记录债权不能流转支付，其业务主要以提供电子记录债权为抵押品的融资服务，服务对象为中小型企业。Tranzax宣传自身优势是操作便利，债务人企业只需要通过互联网发送必要的数据、债权人通过传真确认就可以完成债权记录，而企业对接其他基础设施需要修改系统或安装新系统，并通过银行端口才可完成信息登记。

（四）各基础设施服务和定位存在差异

日本电子记录债权的登记托管不是集中统一的，而是分散在5个基础设施中，不同的基础设施功能定位存在差别（见图4）。

首先，服务对象不同。三大银行成立的基础设施主要服务于大企业及供

[①] 资料来源：https://www.tranzax.co.jp/。

应链上的其他企业，Densai服务于所有类型的企业，而Tranzax专注服务于中小企业。

其次，应用场景不同。三大银行成立的基础设施主要服务于供应链场景，融资模式以批量的一揽子保理、银团贷款为主，Tranzax的融资服务大多是基于贸易背景，融资以零散的业务为主，而Densai不依赖供应链场景。

最后，目标定位不同。Densai主要是实现纸质商业本票的电子化记录和应收账款电子票据化记录，推动"电子票据"的使用，从而降低票据纸质属性带来的问题；Tranzax主要通过大数据等方式为中小企业提供融资服务；三大银行成立的基础设施既推动了"电子票据"在供应链中的使用，又推动了供应链中的应收账款转为相对规范的电子记录债权，降低应收账款融资难度。

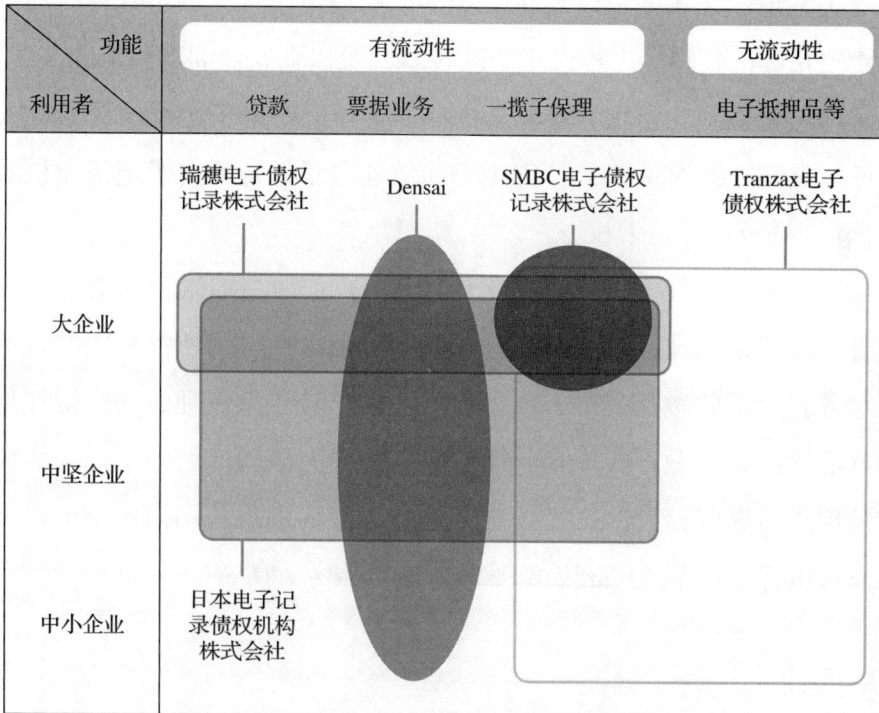

图4　5家电子债权登记机构的业务功能与服务对象

（数据来源：https://gentosha-go.com/articles/-/13220）

（五）各基础设施登记的电子记录债权存在差异

各基础设施在遵从《电子记录债权法》的基础上，通过发布业务规则对其登记的电子记录债权功能进行了规定。具体来看，各基础设施在系统设计和业务运行上存在一定差异（见表3）。

一是要素格式差异。在Densai登记的电子记录债权以及在JEMCO和瑞穗电子登记的有流动性的电子记录债权格式固定、内容明确，而在SMBC、Tranzax登记的电子记录债权以及在JEMCO、瑞穗电子登记的不具有流动性的电子记录债权可记载内容较多，除了8个必要事项，还可根据需要填列16项可以记载事项，满足应收账款个性化内容的记载需求。

二是流动性差异。在Densai登记的电子记录债权以及在JEMCO和瑞穗电子登记的具有流动性的电子记录债权可以在企业间支付转让，而在SMBC、Tranzax登记的电子记录债权以及在JEMCO、瑞穗电子登记的不具有流动性的电子记录债权允许记载较多内容，流动性较差，难以在企业间支付流转。

三是可追索性在约定上有差异。在Densai登记的电子记录债权债权人具有对前手任一登记人的追索权；在JEMCO和瑞穗电子登记的电子记录债权融资前有追索权[①]，融资后无追索权。

四是融资方式差异。Densai对接了全国银行业协会的银行，电子记录债权融资的方式主要是贴现；三大银行建立的电子记录机构为所在集团的银行、保理公司等寻找合适的融资客户，较多通过一揽子转让型保理、动产抵押贷款、银团贷款等供应链金融方式为企业提供融资，具有流动性的电子记录债权主要是通过贴现进行融资；Tranzax主要基于科技力量协助母公司向中小企业提供电子记录债权抵押、订单（Purchase Order）融资服务；等等。

---

① JEMCO的追索权问题见：https://www.den-te.com/qa/2012/06/q-1-10.html，在JEMCO登记的电子记录债权在融资前转让双方可视情况放弃追索权。瑞穗电子追索权见：http://www.mizuho-factor.co.jp/faq/factor/denpei/。

表3　不同基础设施登记的电子记录债权特点

公司名称	日本电子债权机构株式会社JEMCO	瑞穗电子债权记录株式会社	SMBC电子债权记录株式会社	全银电子债权网络株式会社Densai	Tranzax电子债权株式会社
要素格式	有流动性电子记录债权：主要是8个必要记载事项；无流动性电子记录债权：8个必要记载事项、16个任意记载事项	8个必要记载事项、16个任意记载事项	8个必要记载事项、支付方式	8个必要记载事项、16个任意记载事项	
流动性	一类具有流动性，且可在企业间支付；另一类不具有流动性	无	有	无	
追索性	融资前有追索权（JEMCO可以由转让双方约定取消追索权）；融资后无追索权	—	有	—	
融资方式	一揽子转让型保理、动产抵押贷款、银团贷款，流动性电子记录债权主要使用贴现融资	一揽子转让型保理、动产抵押贷款、银团贷款	贴现	电子记录债权质押、订单融资	

四、日本创设电子记录债权的相关启示

（一）日本电子记录债权与传统纸质票据的差异比较

1.电子记录债权实行电子化登记和管理。日本的商业本票是纸票形式，存在业务手续烦琐、保管成本高等问题，而电子记录债权从签发、转让到最后的付款记录都是实行电子化记录和管理。

2.电子记录债权允许记载较多事项。Densai等登记的有流动性的电子记录债权明确可记载内容有限，且格式固定，与传统纸质票据较为相似。但同时，《电子记录债权法》第16条第2款规定，除法定必要记载事项外，电子记录债权允许记载16项可以记载事项，包括支付方式，利息及违约金，特定期限利益丧失、抵偿及代物清偿方式，偿还物，债权人和债务人均为个人经营者时的相关规定，不允许转让、保证、质权、分割记录，债权人和债务人相互通知方式，纠纷解决方式，等等①。允许记录较多事项可以满足应收账款个性化信息

---

① 《日本电子记录债权》中可以记载事项第16项为保留条款，为政令规定的其他内容。

的记录需求①，但记载较多事项也会大大削弱此类电子记录债权的流动性。

3. 电子记录债权可以分割。日本《票据法》第12条规定，票据"部分背书无效"。日本《电子记录债权法》第43条规定，电子记录债权可分割，电子记录中债权人或债务人为多人的，可将其中特定债权人或债务人的电子记录分割给他人。不仅如此，分割记录请求只需由分割债权记录的债权持有人自行发起，无须经原债权记录债权人或债务人同意②。

4. 电子记录债权的追索机制具有灵活性。日本《票据法》第43条规定，汇票到期不获付款时，持票人得向背书人、出票人及其他债务人行使追索权；第30条规定，记名汇票发票人有禁止转让之记载者，不得转让；禁止转让者，对于禁止后再由背书取得汇票之人，不负担保责任。因此，票据背书人取消追索需要通过记载"不得转让"实现。电子记录债权的追索机制具有灵活性，《电子记录债权法》并未规定债权人是否具有电子记录债权的追索权，但基础设施对其所登记的电子记录债权可通过协议约定的方式明确是否具有追索机制。

此外，在Densai登记的电子记录债权功能、格式和传统纸质票据相似，据了解，日本国内将Densai的电子记录债权作为发展"电子票据"的途径③。这也说明日本政府认可票据服务企业融资的作用，并且认为电子化的票据在服务企业融资方面具有优势。

（二）日本创设电子记录债权的相关启示

1. 日本选择创设电子记录债权是结合本国具体情况作出的选择。日本政府

---

① 有学者认为，电子记录债权允许当事人登记可以记载事项存在当事人意思表示不明确的可能，此时，仍依照民法解释的一般原理，探求当事人的真实意思为原则进行解释。具体见崔聪聪：《日本电子记录债权法研究》，北京邮电大学出版社，2015年。
② 《电子记录债权法》第43~47条要求对分割的原债权记录及新生成的分割债权记录都需要进行分割信息记录，原债权记录上的部分事项也需要记入分割债权记录。
③ Densai的业务规则及网站都提到，其业务定位为商业本票电子化，且追索机制、不渡机制、融资方式基本照搬了票据的规则。

认为电子票据替代应收账款可以服务企业融资需求，但最终没有选择发展电子票据，而是创设新的金钱债权，主要原因是前文提到日本签署了《日内瓦统一汇票本票法公约》，因而难以脱离公约直接发展电子载体的票据。对此，日本政府选择另辟蹊径创设全新的电子记录债权来解决企业融资问题。

2. 金融产品的创新应以企业的实际需求为落脚点。考虑到票据直接电子化难度较大，而应收账款融资需要克服确权难、多重流转、债务人易抗辩、债权转让需通知债务人等问题，日本的做法是以服务企业融资需求为目的，立法创设电子记录债权这一全新的产品，通过全新的制度安排，满足企业实际需求。此外，据当地金融机构反映，三大银行组建的基础设施为了更好地服务供应链企业的融资需求，引入了多种融资方式供企业选择，更好地促进了电子记录债权的融资可得性。相比之下，日本企业表示Densai登记的电子记录债权融资局限于银行贴现，融资可得性不足，导致Densai在"票据电子化"的推行过程中并不是很成功[①]。借鉴日本创设电子记录债权经验，我们在开展票据创新业务中，需要以实体企业的需求为出发点和落脚点，充分考虑如何解决企业在融资过程中的痛点和难点，提供多层次的融资方式，切实提升企业票据融资的可得性，这样才能保持票据市场的生命力。

3. 对票据和其他应收账款债权工具的监管启示。日本政府部门在对外公布的信息中强调，电子记录债权是能够克服纸质票据（商业本票）和应收账款缺陷且不同于二者的第三种金钱债权。日本电子记录债权作为一种新型产品，与票据和应收账款存在明显差异：与纸质票据相比，电子记录债权实现电子化登记，克服了纸票流通中存在的弊端；与应收账款相比，电子记录债权转让具有不可抗辩、无须通知债权人等属性，便于债权融资。由此可见，日本创设电子

[①] 2017年，日本全国银行业协会提出："在2023年实现约60%全国商业本票电子化。"2019年纸质商业本票削减数量只实现2019年度目标值约60%。此外，根据Densai公布的数据，截至2019年末，Densai记录的电子记录债权余额为7.28万亿日元，占纸质商业本票的1/3。资料来源：https://www.zenginkyo.or.jp/fileadmin/res/news/news320333_2.pdf, https://www.densai.net/pdf/202101_PDF.pdf。

记录债权，不存在相同产品的重复建设问题。

与此同时，特别值得关注的是，日本在电子记录债权推行过程中，始终坚持同一类产品功能遵循同一监管规则的功能监管原则。比如日本不同的基础设施登记的电子记录债权部分功能存在区别，但都遵循《电子记录债权法》，从管理上实现了功能监管，使得不同基础设施和金融机构开展的同类金融服务或产品受标准统一的监管，从而减少监管真空，推动电子记录债权业务的合规创新。在我国，信用证、保函等类票据产品与票据虽然不属于同类产品，但部分功能非常相似，我国尚未建立完善的功能监管框架，实践中票据和信用证、保函相同功能的业务监管要求存在执行不一致、落实不统一的问题，导致出现监管套利，难以形成充分竞争的市场环境。对此，建议加强功能监管，对同类功能业务严格按照统一的监管标准进行管理。

课题组组长：孔　燕

成　　　员：颜永嘉　吴小蒙　潘修扬　姚　望

市场研究

票据在供应链金融中的
应用研究

中国工商银行票据营业部课题组

[摘　要]　2020年9月，人民银行等8部门发布《关于规范发展供应链金融　支持供应链产业链稳定循环和优化升级的意见》，明确定义了供应链金融的内涵。供应链金融是指从供应链产业链整体出发，运用金融科技手段，整合物流、资金流、信息流等信息，在真实交易背景下，构建供应链核心企业与上下游企业一体化的金融供给体系和风险评估体系，提供系统性金融解决方案，以快速响应产业链上企业的结算、融资、财务管理等综合需求，降低企业成本，提升产业链中各方价值。研究显示，我国票据[①]业务在供应链融资中的开展比率约为25%[②]，票据在便利供应链企业汇兑、支付、结算、融资中发挥了不可替代的作用。本文从供应链金融的角度总结票据服务供应链企业的优势，深入分析票据在供应链金融中的推广应用所面临的问题与机遇，并从基础设施建设、制度创新及推广应用等方面提出建议，为助力实体经济发展提供参考借鉴。

[关键词]　供应链金融　票据

---

① 《中华人民共和国票据法》定义的票据包括汇票、本票和支票。本文中的票据主要指有真实贸易背景的商业汇票，包括银行承兑汇票和商业承兑汇票。

② 开展比率：企业供应链金融服务涉及票据融资业务模式类型在所有供应链企业中的占比，数据来源于万联供应链金融研究院、中国人民大学中国供应链战略管理研究中心。

一、票据在供应链中的应用现状

（一）票据市场发展概况

票据市场作为目前发展较为完善的金融子市场，在支持实体经济、扩宽中小企业融资渠道等方面发挥着重要作用，也是供应链金融中最常见的金融工具之一。据统计，2021年全年，我国票据市场企业用票金额合计95.7万亿元，同比增长15.72%；用票企业家数合计318.9万家，同比增长17.86%，其中，中小微企业314.73万家，占比达98.69%[①]。票据在小微企业中的广泛应用无疑成为供应链金融发展的有力保障，为供应链金融解决小微企业融资难、融资贵等问题提供了一条实现路径。

（二）票据在供应链金融中的主要应用场景模式

票据在供应链金融中应用的深入，拓宽了中小企业的融资渠道，确保资金流向实体经济。从业务运营基础的角度来看，票据是一种新型供应链融资工具，票据业务是基于供应链上下游企业之间贸易关系而产生的融资活动；从服务主体的角度来看，商业汇票通过在供应链金融中应用的主要场景模式（包括银行主导、供应链平台主导、核心企业主导、供应链票据平台主导等），能有效解决上下游企业生产经营过程中的资金需求。

1. 从业务运营场景上看，票据主要应用于供应链金融以下场景中：一是支付融资场景下的票据应用。在供应链企业的业务流程中，当买方相对强势，或者卖方货物亟须出手，买方可选择签发票据或背书等形式支付货款。卖方在需要流动性时，可以通过持有的各类票据贴现融资或者通过标准化票据在金融市场直接融资。二是集中管理场景下的票据应用。供应链中的核心企业或大型企业持有大量金额不一、期限不等的商业汇票，通过票据统一管理和灵活运用来

[①] 数据来源于上海票据交易所。

提高企业资金运营效率，将其持有的票据整体或部分质押给商业银行，形成相应的票据额度在所属企业间的调剂，用于灵活办理签发新票、低成本融资等各项表内外融资业务。

2. 从服务主体主导模式看，票据在供应链金融中的应用场景主要分为以下四种：一是银行等金融机构主导的模式（见图1）。商业银行作为提供供应链金融服务的主体，通过核心企业提供的交易信息，为供应链中各成员提供相应的票据产品服务。在此模式下，既可以帮助核心企业及其集团子公司签发票据，也可以对持票贴现企业开展贴现融资业务或质押融资。同时，商业银行也可以选择将持有的未到期票据作为底层资产，发行标准化票据，也可在二级市场进行转贴现卖断直接融资。二是供应链管理平台主导的模式。供应链管理平台基于协同供应链管理的思想，配合供应链中各实体的业务需求，使操作流程和信息系统紧密结合。供应链管理平台可对资金流和物流进行监控和管理，帮助商业银行确认订单信息并进行订单管理，保证票据的签发、流转、贴现回款等环节与供应链贸易流程的一致性。三是供应链核心企业主导的模式。在供应链的贸易环节中，核心企业往往具有很强的产业发言权。大型企业集团和大型事业单位等强势企业签发的票据更容易被市场接受，票据通过捆绑核心企业和上下游企业的信用，将核心企业的信用扩展到供应链中。四是依托票据市场基础设

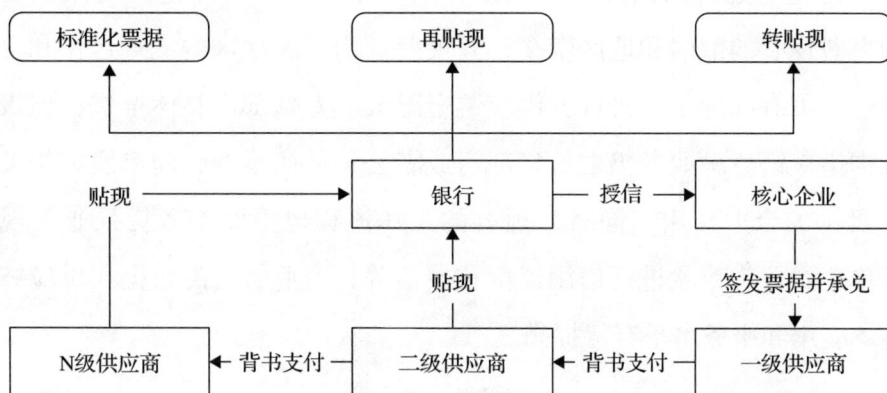

图1 金融机构主导模式流程

施的模式。票交所于2020年4月创新推出供应链票据平台，与符合条件的供应链平台对接，为链上企业提供票据的签发、承兑、背书、贴现等服务功能。通过供应链票据平台签发的票据是供应链票据，它是电子商业汇票的一种类型，同时，供应链票据又是一种创新的票据，能够实现等分化签发，提升企业用票的灵活性，还能传导核心企业优质信用，增强企业融资的可得性。

二、票据在供应链应用中存在的问题

（一）商票信用环境不足，限制了票据在供应链中支付功能的推广

近年来，受国内票据市场信用体系不健全等因素影响，企业商票信用发展受阻。2018—2021年，我国票据市场银票承兑发生额71.9万亿元、商票承兑发生额13万亿元，银票贴现发生额46.8万亿元、商票贴现发生额4万亿元，银票承兑和贴现的金额分别是商票的5.53倍和11.7倍[①]。商业银行办理商票业务的主动性不高，企业使用商票结算和融资的意识不强，这在一定程度上限制了票据在供应链中支付功能的推广运用。

（二）融资工作机制不畅，制约了票据在供应链企业融资业务的推广

供应链企业通过票据开展支付融资活动是以整个产业链为对象，需要银行机构突破现有的部门和地区壁垒，开展跨部门、跨地区的统筹运作和分工协作。目前，虽有部分银行机构就供应链金融成立专营部门整体推进，但大多数银行机构供应链金融业务仍由信贷部门或者公司部门承办，尚未发挥相关部门和分支机构的合力作用。同时，现有的工作流程也主要参考贷款业务规章制度，以单一企业为对象进行信用评价和授信等，商业银行的票据在供应链金融中的整体应用和服务水平有待提高。

---

① 根据上海票据交易所数据整理。

（三）企业信用穿透不深，影响了票据在核心企业主导作用的发挥

供应链金融依托核心企业的信用，服务上下游中小企业，出于风险考量及内部管理和经营数据的保密性等因素，核心企业不愿向银行提供充分的财务信息，数据质量也难以得到保证，在提供增信支持方面不愿承担连带担保责任。在多级供应链模式中，链上核心企业通常仅能对一级供应商进行有效背书确认。由于核心企业对拓展供应链金融业务的积极性和主动性不够，直接影响了票据业务在供应链金融中的推广进程。

三、票据在供应链金融中的发展空间和机遇

（一）票据的基本功能属性具有契合供应链金融的发展特点

一是票据多重功能属性能较好地满足供应链上企业金融需求。一方面，票据具有支付结算功能，能以背书转让的形式在企业间实现支付，以票据替代应收账款，能使企业应收应付账款项得以转销。另一方面，票据具有融资功能，持票人可向商业银行申请贴现获得资金。二是票据具有法律保障优势，有利于保护供应链企业各方的利益。票据遵从《票据法》规定，债权债务关系明确，同时，票据还款期限固定，把无固定期限的挂账拖欠转化为约期偿付，增强了还款的确定性。此外，票据凭证格式、记载事项统一，交易过程更趋标准化，流通性较强。三是票据具有信用传递的优势，方便供应链上中小企业借助核心企业信用实现增信。

（二）国家战略及相关政策支持给票据在供应链中的发展提供了良好政策环境

当前，我国经济金融发展面临日益严峻的内外部环境，国家及时提出"双循环"发展战略，对于提升我国产业链供应链的国际竞争力具有重要意义，票据在供应链金融中的应用，也得到了良好的政策环境支持。2020年9月，人民

银行等8部门发布《关于规范发展供应链金融 支持供应链产业链稳定循环和优化升级的意见》，明确了供应链金融的内涵和发展方向，向市场传递清晰的信号。自该意见发布后，各地陆续推出了对供应链票据融资奖励支持的政策，为商业汇票和供应链金融的发展营造了良好的政策环境。地方政府支持票据发展政策情况见表1。

表1 地方政府支持票据发展政策情况

发布时间	发布单位	具体措施
2021年2月	山东省财政厅、山东省工业和信息化厅 中国人民银行济南分行	推动应付账款票据化、推广供应链票据平台及应用、加强标准化票据融资机制引导
2021年4月	湖南省人民政府办公厅	支持产业链核心企业通过上海票据交易所供应链票据平台签发供应链票据，用好再贴现工具，支持金融机构对产业链核心企业签发的商业汇票进行贴现
2021年4月	北京市地方金融监督管理局 中国银行保险监督管理委员会北京监管局等	用好"京创通"专项再贴现支持工具，研究设置规模以上制造业企业票据再贴现绿色通道，研究设立支持规模以上制造业企业融资的专项再贴现产品，提高制造业企业再贴现业务单张票据票面金额上限
2021年5月	甘肃省人民政府办公厅	支持产业链核心企业通过上海票据交易所供应链票据平台签发供应链票据，用好再贴现工具，鼓励金融机构对产业链小微企业的票据进行贴现
2021年8月	人民银行济南分行 山东省工业和信息化厅等	推动商业汇票信息披露，及时、准确、完整地向社会公众披露票据承兑信息和承兑信用信息，优化票据市场信用环境，加强供应链金融政策保障，用好再贷款再贴现货币政策工具
2021年8月	广西壮族自治区人民政府办公厅	支持核心企业签发供应链票据，对年度供应链票据签发量排名靠前的10家企业给予奖励，鼓励信息平台接入上海票据交易所供应链票据平台
2021年10月	江西省人民政府金融工作办公室等	强调推广供应链票据平台及应用。加强政策业务宣传，深化与上海票据交易所合作，鼓励核心企业围绕供应链建立信息平台或借助现有第三方信息平台，与上海票据交易所供应链票据平台对接，支持核心企业签发供应链票据
2021年10月	四川省人民政府办公厅	对在上海票据交易所供应链金融平台签发供应链票据金额排名前5名的我省企业，省级财政按其实际签发额的5‰、单户最高不超过400万元给予奖励

资料来源：根据公开信息整理。

（三）金融科技的发展给供应链金融提供了强大的技术支持

金融科技的发展，为票据在供应链中的应用提供了新方向。金融科技既可以通过重构信息网络来实现供应链网络运营模式的创新，促进票据信息在服务供应链的出票人、承兑人、收款人等不同主体之间传递和合作互动，也可以为金融机构识别和收集供应链企业质量信息、过滤噪声信息，并根据金融机构需求来结构化处理数据，提升金融机构的信息触达性和信息丰富性，为票据融资和风险管控提供支撑。

（四）票据市场生态环境的完善为票据在供应链中的应用奠定了坚实基础

一是票据市场进入电子化时代。票交所推动电子票据和纸质票据系统融合，提升票据市场电子化水平。二是集中统一的票据市场已经形成。票交所在人民银行的指导下，统一了票据登记、托管、交易等业务规则。三是票据市场风险防控取得重要进展。票交所通过市场参与者资质审核、电子平台交易、票款对付（DVP）结算等方式，有效提升了交易的透明性和安全性。四是标准化票据的稳步发展拓宽了中小企业的融资渠道。标准化票据的推出使供应链中持票的中小微企业可以直接与投资者对接，有望进一步降低实体经济的融资成本。五是供应链票据平台的建设为企业提供了办理票据业务的新渠道，创新实现了等分化签发票据，大大提升了企业用票的灵活性。

四、对推动票据在供应链金融中发展应用的相关建议

（一）完善票据服务供应链金融的基础设施和应用体系

一是加速信用保障体系建设。相关职能部门应创新多样化的信用增级机制。通过大力培育担保公司、财务公司等增信机构，发展商票保证、商票保兑等多样化增信产品，提高商票的流动性和变现能力。通过增加抵押物或设计多个交易档次来调剂风险，可以对票据进行信用分档。此外，也可进行内外部组

合增级，比如将银行担保的部分列为优先档，将无担保的列为劣后档，并由市场完成对商票的信用评价和定价，承担商票劣后档的信用风险。

二是丰富配套融资体系。提升票据服务供应链金融能力，从资金供给端进一步创新和丰富供应链持票企业的融资方式和渠道，可从政府引导资金介入、间接融资与直接融资相配合，多渠道对较成熟的供应链金融服务机构和平台予以资金上的支持，通过标准化票据、供应链票据等拓宽融资渠道，积极引导券商、信托公司等金融机构参与提供票据融资解决方案。对于已为供应链提供贴现和转贴现融资的金融机构，央行可考虑直接予以再贴现专项支持，通过供应链票据更好地传导货币政策。

（二）进一步扩大票据的应用范围和票据服务供应链金融的领域

一是扩大票据的应用范围。一方面，有序推进商业承兑汇票的发展。首先，要健全商业承兑汇票信用评级体系，培育权威性票据信用评级机构，解决持票人和承兑人的信息不对称问题，持续优化商业承兑汇票生态环境。其次，要抓住国家清理拖欠企业账款的有利契机，引导供应链核心企业推广商业承兑汇票替代应收账款，逐步培养企业形成良好的用票习惯。另一方面，推动票据嵌入供应链库存融资过程，如根据对企业库存质量评估结果，对企业授予库存质押的额度，在额度内企业可开立商业承兑汇票，银行对商票提供保贴等信用增级，进一步挖掘供应链中的信用潜能。

二是扩大票据服务供应链金融的领域。商业银行要找准业务拓展切入点，全面覆盖国家战略及关键领域的核心企业。开展助农票据供应链金融模式，结合国家乡村振兴战略，依托农业供应链主体，从带动优质农业龙头企业入手，构建农产品链条，运用票据信用传递优势撬动提升末端小微企业客户融资效率，以盘活助推整条产业链发展；开展绿色供应链金融模式，积极探索供应链金融与绿色金融的融合模式，推出绿色票据等专项产品，持续加大对绿色项目的金融支持力度。同时，进一步拓展票据服务的行业领域，当前票据供应链产品（如付款票据通）在汽车制造、食品粮油、医药制造等行业均有成熟应用，可探索在产销关系相近行业领域的票据供应链产品的推广应用。

（三）完善商业银行推动票据在供应链金融中发展的手段机制

一是针对不同产业的差异化供应链管理流程，商业银行在票据服务供应链发展过程中，要在真正吃透目标产业的商业模式和运营逻辑的基础上，针对企业的个性化需求，有效提供"滴灌式"的供应链金融中的票据服务解决方案。二是可以通过实行差异化的利率优惠政策，对于提供信用担保的核心企业给予一定的政策倾斜，调动核心企业的积极性，鼓励其主动对接中小企业，了解供应链上下游融资需求。三是商业银行要持续加强机制创新，打破业务壁垒，优化现有组织架构和业务规程，探索建立供应链金融专业运营团队，统筹推进票据业务在供应链金融中的推广应用。四是及时关注大数据、区块链发展趋势，加强与高校、科研院所等机构的合作，加快供应链金融和票据业务专业交叉人才培养。

（四）建立健全票据在供应链金融中发展的风险防范机制

一是创新全息化的风险控制体系。金融机构在持续改善票据服务的过程中，应不断创新完善信息数据风险防控体系，加强数据信息的对称传导，进一步提高票据接受度。例如，物流公司比金融机构更加了解供应链各个环节的运作情况，通过与物流公司等第三方平台开展合作参与供应链融资，为企业提供保险、管理以及质押价值评估等金融服务，减少商业银行信用评估成本，提升商业银行对目标客户真实信息的掌控力。另外，建立纵向供应链、产业链全息，横向贯通工商、税收、征信等系统，可多维度交叉印证、勾勒行业风险图谱的信息数据平台，为有针对性、高效率地提供供应链票据服务奠定可靠的风险控制基础。二是建立健全商票承兑人准入白名单机制。商业银行可通过建立承兑人准入白名单降低信用风险。目前，我国没有信用评级机构对商票进行评级，商业银行可以承兑人为主体，参考其在债券市场的企业主体信用等级，根据其财务状况、经营现状等其他维度的指标，建立全方位、动态化的商票准入白名单，提升票据市场整体接受度。

　　课题组组长：董继松
　　副　组　长：王永琪
　　成　　　员：张涤尘　夏海燕　汪小政　修晓磊　张存沧　肖雅新

双循环战略下
商票业务发展现状及建议

招商银行课题组

[摘　要]　本文首先对双循环战略下产业链的重要性进行分析，发现应收账款过快发展和中小企业融资难融资贵之间的联系，提出推动应收账款商票化是破题最优解。其次分析了商票市场的发展现状和问题，商票市场目前发展势头良好且支持政策密集发布，但同时也由于签发、流通和融资各环节的障碍导致整体市场占比较小且受同质产品挑战较大。最后本文提出七个方面发展建议，分别是加快引导企业开立商票、肃清障碍提升企业间流动性、提升"间+直"双重融资市场服务能力、提升二级市场转贴现活跃度、增量提质实现再贴现精准灌溉、升级全市场风险防控能力、推动《票据法》及其司法解释的修改。

[关键词]　票据　应收账款　商票　供应链金融

面对当前复杂的内外部形势，中央决策部署构建以国内大循环为主体、国内国际双循环相互促进的新发展格局，提升产业链供应链现代化水平。与此相适应，需规范提升供应链金融服务水平。票据具有融资门槛低、效率高、利率低和支持货币政策精准滴灌等诸多优势，随着上海票据交易所（以下简称票交所）成立和票据电子化基本完成，用票环境大幅改善，票据结算功能增强带动优质企业信用在票据链条上迁徙速度加快，让更多处于供应链末梢的中小微企业获得票据融资机会，票据服务实体经济尤其是中小微企业的能力大幅增加且潜力巨大。

一、双循环战略下推动应收账款商票化的原因和优势

双循环战略的确定，使国内产业链的健康发展成为社会各界关注的重要问题。而决定产业链发展根基的中小企业受制于应收账款的快速增长，面临融资难融资贵的问题。国家统计局数据显示，2001年底至2021年底，我国规模以上工业企业应收账款余额由1.48万亿元上升至18.87万亿元，增长11.75倍。应收账款由于确权难、账期不固定、债务人具有抗辩权等固有特征，难以在市场获得融资，且流动性差，其快速增长使中小企业面临融资难融资贵问题，加剧了中小企业资金紧张和经营困难，影响企业生产能力，最终影响实体经济活力。

降低应收账款对中小企业经营的影响，一方面要加快清欠，另一方面则要找到更好的替代产品。从宏观和微观层面来看，推动应收账款商票化均是最优破题思路。宏观层面，商业承兑汇票有结算和融资双重功能，结算功能可带动优质企业信用在票据链条上迁徙，融资功能让更多处于供应链末梢的中小企业获得融资机会，有优化金融资源配置、缓解中小企业融资难融资贵和提高产业链韧性的多重宏观优势。微观层面，票据市场制度健全，受《票据法》及相关法规制度保护；票交所成立后票据市场基础建设日趋完善，票据市场风险得到有效防范；票交所系统性推出多项创新产品，票据市场融资便利度高；同时票据市场还能够通过再贴现工具实现精准滴灌。因此，大力推动商票发展具有较高的安全性和可行性。

二、商票业务发展现状及问题

（一）商票市场发展现状

经过多年的发展及相关政策的推动，商票市场已成为目前较为成熟的金

融市场。2017年至2021年，商票承兑发生额年均增长率为18.99%，2021年发生额为3.80万亿元；商票贴现发生额年均增长率为17.33%，2021年增至1.22万亿元；商票转贴现发生额年均增长率为15.81%，2021年增至4.87万亿元。整体来看，市场业务量快速增长且占整体票据市场的比例提升，由于商票收益率较高，金融机构参与商票市场的积极性大幅提升，商票在各参与方的支持下，具有较强的生命力和创新活力。

（二）商票市场发展问题

1. 商票市场占比较小且结构有待优化。2021年商票承兑量、贴现量和交易量分别仅占全市场的15.73%、8.12%和10.37%，后端交易占比明显低于前端签发，说明商票从签发到融资，能力逐渐减弱。

2. 前端签发意愿和后端流通融资能力有待进一步提升。从签发端来看，面临大型企业使用意愿不足和中小企业使用能力不够的问题。一方面，大型央企使用商票进行结算的意愿不强，其更愿意选择应付账款的方式进行挂账结算，主要原因：一是相比透明度高、受法律保护的商票，应付账款对于核心企业来说自由度更高、"可操作空间"更大；二是核心企业使用"应付账款+保理"的模式既可实现对整个供应链的绝对掌控，又可得到延长账期和收取保理手续费的双重利益，而商票的流通性和融资便捷性远高于应收账款，因此也削弱了核心企业对签发商票的掌控能力。另一方面，中小企业签发商票的能力不足，受制于信用体系还未完全建立的影响，中小企业签发的商票难以在市场上流通。

从流通性来看，在企企之间、银企之间、银银之间均存在一定的障碍和阻力。企业间商票的流通性取决于企业对商票的认知和承兑人的信用等级，且受制于真实贸易背景，在商业信用未完全建立的情况下，商票货币支付属性仍未能完全发挥。银企间的流通受制于银行授信壁垒的问题，商票难以跨区流动融资，且无公允定价，创新产品少，线上化水平又远不如银票，导致商票整体融资比例不高。银银之间的二级市场的流通性受制于中小机构对商票仍有"偏见"，交易主体较为审慎，且再贴现支持力度较弱，政策引导有待加强。

3. 同质产品竞争加大。商票、保理、保函、信用证等传统产品有较为稳定的适用场景和客群，同时近年来以中企云链、简单汇等为代表的供应链金融平台上的创新产品电子债权凭证快速发展，形成多头竞争的市场格局。目前供应链金融市场参与者众多，无论是传统还是创新的同质业务的发展壮大都将对商票市场有较大的冲击和替代效应。

三、推动商票业务发展建议

（一）加快引导企业开立商票替代应付账款

1. 以行政手段为主提升大型企业签发意愿。大型企业作为产业链供应链中强势一方，由于票据对账期要求固定且受法律保护等特点，天然对其他规范性更差的类似产品更加青睐，因此主动使用票据的动力有限。为了缓解以上问题，最有效、直接的方式是通过行政手段进行强制规范。一方面，落实各方责任。根据国务院前期要求，各部门各地区正在加快清理拖欠民营企业账款。在此过程中，建议明确以商票替代应收账款的具体目标，重点引导大型企业对票据的使用，并将此纳入清欠工作机制，分别落实省级政府、国有企业监管部门和财政部门的主体责任。另一方面，加强政策引导。通过加大政策发文、政策激励等方式，激发大型企业主动使用商票的积极性，同时相关部门应结合当地产业结构特点，加强对票据知识和产品的宣传推广。

2. 以市场手段为主提升中小企业签发能力。中小企业有较强的商票进行结算融资的需求，但受制于自身信用，其签发的商票难以被市场所接受，因此面临"想用而不得"的困境。对此现象，一方面，增信中小企业，加快"承兑+保证"模式推广，通过市场方式引入第三方担保，解决承兑人资信不足或其授信银行可用额度不足问题，同时可由政府牵头建立中小企业商票违约保险基金，提升全市场中小企业商票兑付能力。另一方面，加快信用体系建立，以信息披露为起点，建立企业商票信用信息库，同时引入第三方评级，等等，为优质中小企业商票进行证明，提升其签发能力。

（二）肃清障碍提升企业间流动性

1.加快推动票据等分化，提升支付便利性。受《票据法》和技术手段的限制，票据目前仍未完全实现等分化，仅在供应链票据的签发上作了尝试。这就导致企业收到大额票据后很难用于小额支付，在一定程度上降低了企业接受票据的积极性。2021年，票交所正在推动新一代票据系统建设，建议加快上线进度，提升票据支付便利性。

2.加快商业信用体系和票据信用体系建立。一方面，要加快全社会商业信用体系的建立，包括建立完善的企业信用评价和查询机制、加强诚信教育与诚信文化建设、加快推进信用信息系统建设和运用、加强信息披露机制实施、加大违约惩戒力度等。另一方面，要加快票据信用体系的建立。商票信息披露机制的建立迈出了信用体系建设的重要一步，未来还可以在信息披露的激励和惩戒机制、跨市场交叉信息披露、商票市场信用体系建设等方面进行优化和探索。

3.试点推广区域、行业或企业"信用圈"实现商票互认。商票在企业间流动性不足问题的一个重要原因是信息不对称、企业之间不信任，同时由于未建立完善的信用评级体系，收票人特别是中小企业较难甄别承兑人资质。该问题可通过建立若干个信用圈、组建互认联盟的方式得到缓解。一是建立地区性商票信用圈。长三角、珠三角等地区民营经济活跃，票据结算有较好的经济基础和社会基础，可尝试建立地区性票据交易中心，促进区域内商票的发行和交易。二是建立行业性商票信用圈。部分优质行业可通过建立联盟的方式实现行业类商票流转。如"军工票"模式，十大军工财务公司之间互认"军工票"，为"军工票"的流转和变现提供便利，也加速了军工体系的交易结算。三是建立企业性商票信用圈。部门上下游企业或相互较为熟识的企业，可建立企业间的流转联盟。如"企票通"模式，其建立的基础在于白名单企业信用资质较为一致且对彼此的经营状况较为了解和认可，同时有政府背景的企业作为专门的组织和管理者。

（三）提升"间+直"双重融资市场服务能力

1. 提升传统贴现市场服务能力。一是监管层面简化中小企业融资流程。从监管层面，对符合中小企业切实融资需求场景的未开户贴现、异地贴现、跨行贴现等行为放宽监管要求，同时明确贴现环节不再进行贸易背景审查，提升融资效率。同时，按照同质产品要求计提票据业务风险资产，提升商业银行服务能力和意愿。

二是金融科技助力商票融资线上化。目前的线上服务大多集中在银票业务，商票业务方面，受制于授信占用、贸易背景审查、协议签署等方面问题，线上化程度仍有待提升。未来，可通过金融科技的运用，优化银行内部的授信管控系统，通过白名单、发票自动查验等手段，推广商票在线贴现业务的运用，提升行业客户的感受。

三是产品创新推动跨区域融资便利化。基于承兑人授信的商票经过多次背书流转，持票人往往不在承兑人授信地，且大多为中小企业持票人。全国性商业银行应从总行层面推动商票保贴额度的全行通用，打破授信地域限制。

2. 开放以标准化票据为主的直接融资市场。一是重启标准化票据并推动认标。在应收账款票据化的背景下，持票企业进行票据融资的需求提升。标准化票据作为一种创新金融工具，丰富了中小微企业的直接融资渠道。目前，包括商业银行、证券公司、财务公司在内的各类金融机构，以及供应链上下游的持票企业，均对标准化票据寄予厚望。建议加快标准化票据业务重启并推动其认标，提升票据直接融资市场服务实体经济能力。

二是创新推出商业本票。商业本票实质即融资性票据，签发无须具有真实交易关系或债权债务关系。在发达国家均有较为成功的实践，且在我国确有中小企业签发无贸易背景的融资性票据的现实需求。为了防止企业由于商业本票的存在而乱开票滥开票现象的发生，在承认商业本票的合法地位的同时，须配套相应管理办法，例如企业融资性票据签发规模不得高于整体签发票据的一定比例，企业签发融资性票据的规模按照其财务指标制定合理的上限要求，等等。

（四）提升二级市场转贴活跃度

1. 推出商票收益率曲线、丰富商票交易种类。在转贴现交易定价上，票交所已于2018年和2019年先后发布国股和城商银票转贴现收益率曲线，自银票收益率曲线发布以来，银票转贴现市场活跃度进一步提高。为进一步提升商票转贴现市场的活跃度，推进市场运行机制建设，为银行定价估值创造更好条件，商票收益率曲线的推出势在必行。

2. 加强二级市场投资者教育。要提高商票二级市场的活跃度，必须提高中小银行和非银金融机构的参与积极性，可从持票风险小和投资价值高两个方面进行投资者教育。一是根据目前票交所主协议，转贴商票持票风险小。商票的付款责任主体包括承兑人、保证增信行（若有）、贴现人和贴现保证人（若有），在承兑人无力兑付时，票交所可实现其他主体的备付金无条件划付，因此票交所主协议大大降低了商票持有的兑付风险。二是转贴商票投资价值高。目前在转贴现市场交易时与银票的价差高达20~30个基点，对于中小机构来说，商票不仅可起到平滑信贷规模的功能，更可作为高价值的投资资产。

（五）增量提质实现再贴现精准灌溉

1. 提升再贴现业务总量。2021年末，再贴现余额5903亿元，与公开市场操作、MLF和降准政策动辄释放千万亿元资金相比，再贴现政策所获得的额度支持远低于其支持实体经济的能力。建议央行充分考虑目前成熟的票据市场机制，针对票据融资规模和需求，匹配与之相应的再贴现政策支持，保持再贴现规模的平稳有序增长。

2. 将再贴现资源向商票倾斜。目前央行办理再贴现业务仍主要以银行承兑汇票为主，央行可以充分发挥商业承兑汇票再贴现政策的引导作用，为中小企业所使用的商业承兑汇票再贴现业务开辟绿色通道，适度增加中小企业商业承兑汇票再贴现专项规模，确定再贴现比例，降低中小企业商业承兑汇票再贴现利率，等等。

（六）升级全市场风险防控能力

1. 各参与方主动作为，降低伪假商票风险。全市场参与者要增强责任意识，提升相关风险防控意识和能力。针对伪假商票风险的管控，应该重点关注企业的账户开立过程，提升账户尽职调查的严谨度。企业首次通过网银开立商票时，应涉及客户准入和识别的流程，严格审核出票账户真实性，从票源处遏制虚假伪造票据的出现。

2. 加强功能监管，统一规范管理类票据产品。从产品功能来看，类票据产品均具有结算和融资功能，但在监管政策上存在较大差异，容易使同类产品因风险资产、信息披露、违约惩戒机制等差异化政策而形成非良性竞争。从当前监管机构倡导的功能监管角度，基于市场竞争公平原则以及相同的风险防范逻辑，建议统一类票据产品的管理标准。

（七）推动《票据法》及其司法解释的修改

《票据法》已颁布实施20余年，中国票据市场已经发生了重大的发展和变化，《票据法》及其司法解释的个别规定也需要根据业务和市场的变化进行相应的修改和调整。

1. 承认电子票据的法律地位。现行的《票据法》是基于纸质票据而制定的，并未将电子票据纳入规范范围。建议《票据法》将电子票据界定为票据，明确票据包括电子支票、电子本票、电子商业汇票，确认电子票据的法律属性，使票据的内涵和外延能包括电子票据。

2. 优化票据签发流转真实交易原则。目前《票据法》要求票据签发和流转环节有真实交易关系和债权债务关系，这导致票据在开票和贴现端手续较为复杂，降低了流通和融资效率。建议将《票据法》对真实交易关系和债权债务关系的要求由"和"改成"或"，或仅要求"签发"环节需要真实交易关系。

3. 优化目前票据无条件追索规则。目前《票据法》中的无条件追索规则导致了银行资本计提过重和企业票据资产难下表等问题，票交所主协议相关免追索条款是否符合《票据法》规定也存在一定争议。建议明确允许交易各方当事人通过合同自行约定追索权情形。

参考文献

[1] 宋汉光．纸票变电票"链"上增信用"小"票据带动大市场 [N]．金融时报，2021-07-06.

[2] 宋汉光．服务构建新发展格局　推动票据市场"十四五"高质量发展 [J]．中国货币市场，2021(5):5.

[3] 孔燕．深化票据在供应链金融中的应用 [C]．中国票据研究中心工作论文，2021.

[4] 孔燕．协同推动应收账款票据化 [J]．中国金融，2020(6):48-50.

[5] 陈道富．创新电子商票流转模式便利中小微企业融资 [J]．银行家，2020(4):14-16.

[6] 曾一村，黄学伟，凌典．应收账款票据化研究 [C]．中国票据研究中心征文获奖论文，2020.

课题组组长：黄　斌

副　组　长：李海滨

成　　　员：林竹青　谢锡磊　张　柱　郭正龙　方雄平　高志昊

票据交易的
动机分析和实证研究

上海浦东发展银行课题组

[摘　要]　稳定增长的票据交易是票据市场健康发展的中坚力量。票据交易的增长之源在于其业务动机是否合理、稳定且可持续。因此，有必要系统性地分析票据交易动机，厘清其对交易行为的传导机制，评估其对票据市场的现实影响。

本文首先梳理票据交易的发展情况，结合金融机构内外部需求归纳出利润来源、规模管理、流动性管理、服务实体和同业合作五项交易动机；其次评估了内外部交易动机对票据利率的影响，发现交易创利、规模调控两项动机与票据利率存在长期均衡关系，误差修正项会使票据利率在偏离长期均衡状态后，以中等速度恢复均衡；最后本文提出票据交易策略建议，并展望票据交易将出现主体多元化、策略智能化、交易程式化和风险差异化等新特征。

[关键词]　票据交易动机　票据利率

一、票据交易的发展情况

票据在我国有着漫长的发展历史，从周朝的质剂、傅别、书契，唐朝的飞钱、书帖，宋朝的交子、会子，明朝的会票，清朝的钱票、庄票、汇票，到民国时期的中西票据融合，再到新中国成立后票据形态逐步稳定。上海票据交易所成立以后，票据交易的机制创新推动了票据市场的高质量发展。贴现后票据实现了报价询价、交易成交、资金清算和票据交割等环节的线上处理，显著提高了票据交易效率，并建成了全国统一、安全高效的电子化票据交易平台，实现了纸质票据和电子票据的同场交易。2021年票据市场业务总量达167.32万亿元，其中，交易量达69.92万亿元，占业务总量的41.79%，同比增长9.10%（见图1）。

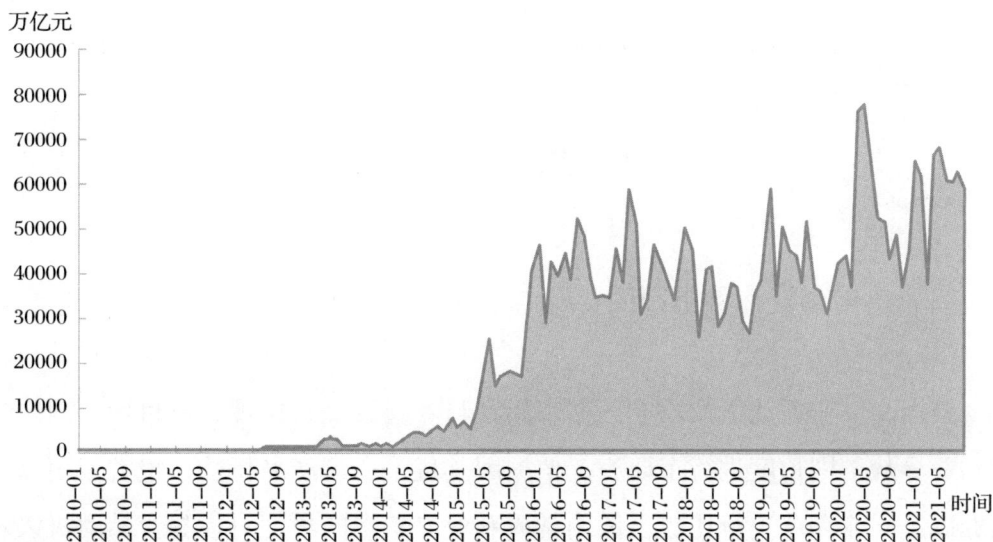

图1 票据线上交易量变化趋势

（数据来源：上海票据交易所）

根据《上海票据交易所票据交易规则》明确的业务范围，本文聚焦狭义的票据转贴现和回购业务。其中，转贴现是市场最主要的交易品种，2021年交易量达46.94万亿元，占全市场交易量的67.13%。票据回购交易发展较快，2021年交易量达22.98万亿元，同比增长14.98%，高于业务总量增速，占总交易量的比值由2017年的14.53%提升至2021年的32.87%（见图2）。

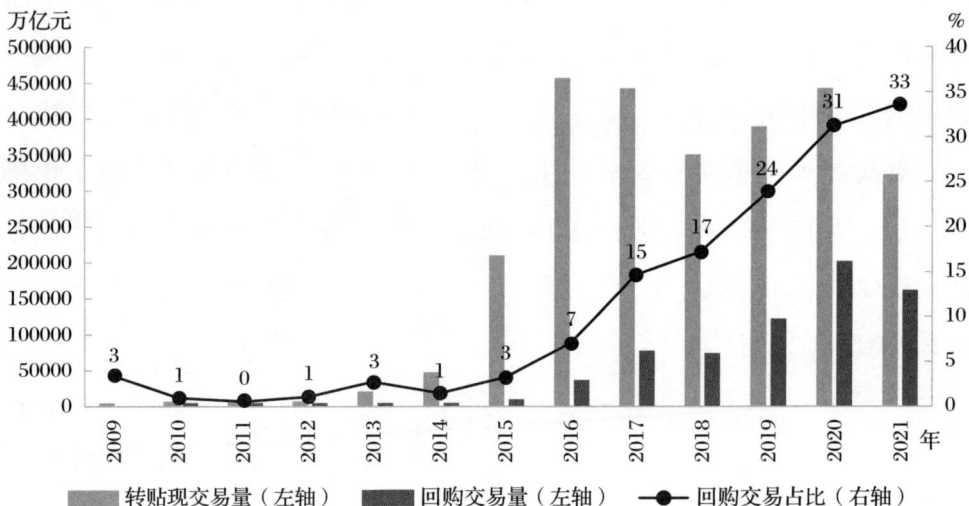

图2　各交易品种交易量变化趋势

（数据来源：上海票据交易所）

二、票据交易的动机归因

票据交易业务动机实质是票据市场参与者通过交易实现经营目标，国内学界和业界从不同角度进行了研究。票据因其货币市场产品特性，也常被用以与债券以及同业存单进行比较。国内学界和业界从不同角度对债券交易动机以及同业存单投资目的进行了研究，可供票据领域同类研究参考。

本文在前期研究基础上，将票据交易归纳出收入利润来源、信贷规模蓄水池、流动性管理工具、公司客户服务渠道、同业客户合作方式五项业务动机，并从主体维度上进行内外部动机分类。内部动机是指交易员或单位在自身经营过程中为满足自身内在的某项票据业务经营需要而采取的交易行为。外部动机是指交易员或单位并非因为自身票据业务经营的需要，而是由于外部压力、外部约束等原因从而引导金融机构和交易员安排叙做交易，间接满足某项目的的交易行为。

（一）收入利润来源

收入利润是票据交易的原动力。票据交易业务本身是商业行为，金融机构通过交易行为来完成利润预算目标，因此属于内部动机。票据交易不同于承兑、贴现等一级市场业务，侧重通过市场研判和同业合作获得收益，兼具资本密集和技术密集的双重特征，其收入体现在财务报告的利息收入和投资收益项下。其中，利息收益来源于票据交易产生的净息差，与金融机构的资金成本、杠杆乘数有直接关系；而投资收益来源于供需双方不同的利率预判，或是为差异化的交易动机给付对价。借鉴杜邦分析法，票据交易收益分解如下：

票据交易收益=利息收入+投资收益

=净息差×票据规模+价差×票据规模×交易周转次数

=（净息差+价差×交易周转次数）×自有资金×杠杆系数

为提升票据交易收益，金融机构采取差异化的交易策略，或是提高风险偏好，配置高收益票据增加净息差；或是提高交易周转次数，通过高频交易增加投资收益；或是做大票据回购，提高杠杆系数增加票据规模。在各类策略中，

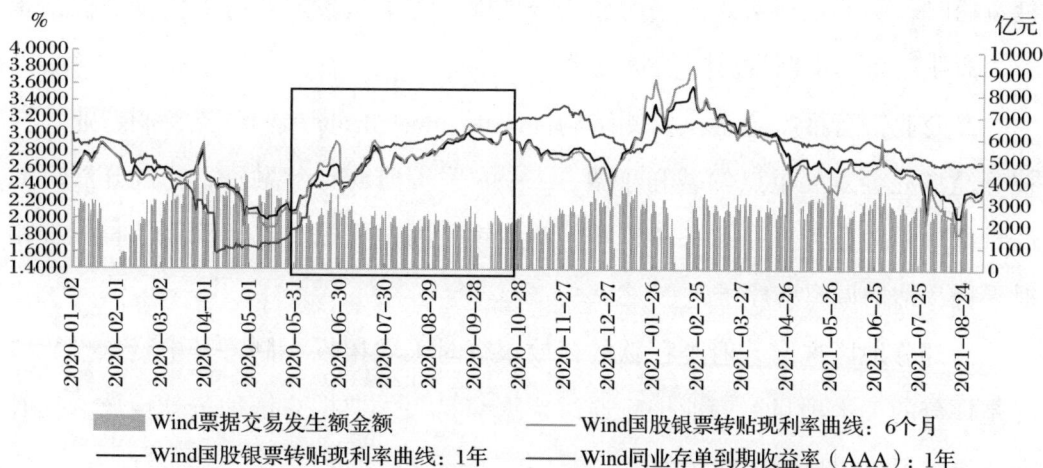

图3 2020—2021年国股票据转贴现及同业存单利率曲线

（数据来源：Wind金融数据库和上海票据交易所公布的市场数据）

票据交易收入均与票据利率走势和资金利率高低有直接关系。根据历史情况，票据利率变化趋势和同业存单在方向上大体一致，但部分时期利差存在较大波动。如票据利率与同业存单或资金转移定价利率发生倒挂，会影响金融机构的交易动力，易造成市场交易量下降（见图3）。

（二）信贷规模蓄水池

现阶段票据贴现和转贴现产品，被纳入狭义信贷口径的规模统计。票据作为直接连通信贷市场的有价证券，因流动性强、交易属性较好、风险较低，能够在较短时间内快速上量，成为商业银行信贷规模的"蓄水池"，不仅在信贷投放时与贷款相互调剂，削峰填谷，而且在机构间起到信贷指标调剂作用，熨平指标波动。因此，票据除具备资金属性外，还具备较强的信贷属性，被商业银行用于管理全行的信贷规模。

现阶段票据交易调控规模主要动机有三类：

1. 人民银行提出，增强信贷总量增长的稳定性，保持货币供应量和社会融资规模增速同名义经济增速基本匹配。因此，当银行信贷投放一般、信贷规模宽松时，商业银行买入票据增加信贷规模；当信贷投放较好、信贷规模紧张时，商业银行卖出票据压降信贷规模。

2. 商业银行推动金融供给侧结构性改革，优化信贷结构，支持制造业、科技等经济社会发展重点领域和小微、"三农"等薄弱环节融资，稳健开展房地产贷款等相关业务。在业务转型期，商业银行通过票据交易，确保信贷投放相对平稳，结构调整有序推进。

3. 部分地区选取政府类存款的存放银行时采取招投标制，其中贷款投放情况是评分的关键项目。商业银行通过票据交易买入票据，增加贷款投放，提升在政府类存款招投标中的竞争力。

近年来，在资金面和其他因素平稳的情况下，信贷规模对票据交易的影响显著，票据融资在境内贷款中的占比与票据利率走势呈现明显的反向关系。以

2021年为例，第一季度企业信贷需求旺盛，银行迎来信贷"开门红"。在央行总体信贷政策要求下，银行信贷投放额度受限，压降票据融资规模，卖票需求旺盛，票据利率持续上涨高位徘徊，1年期国股利率从年初的2.55%上涨至第一季度末的2.82%，成为全年的利率高点。2021年7月，企业信贷需求低迷，银行贷款投放不理想，月末大量买入票据填充信贷规模，票据利率快速下跌，1年期国股利率从2.68%震荡下跌至2.00%，跨月票据成交利率甚至达到0.01%。

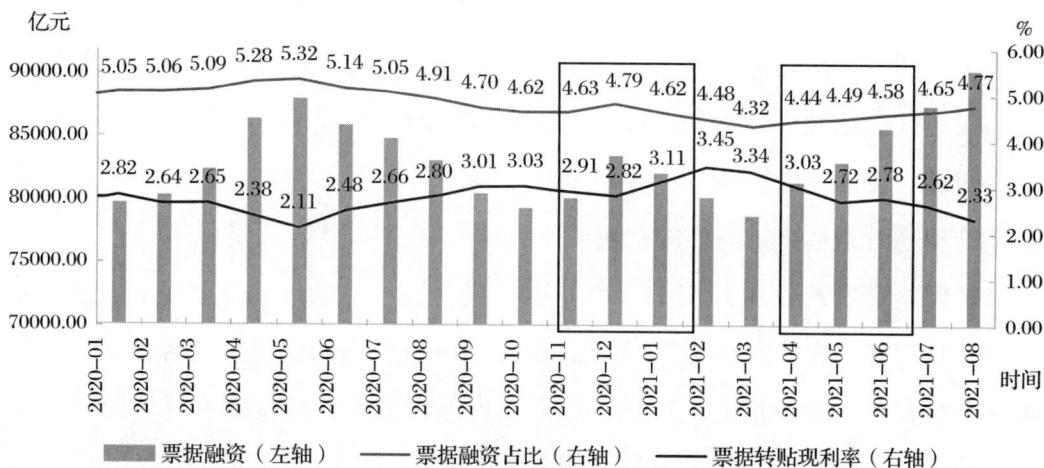

图4　2020—2021年国股票据转贴现利率及票据融资占比曲线

（数据来源：Wind金融数据库和上海票据交易所公布的市场数据）

在商业银行中，信贷规模管理的职能一般在资产负债管理部门。票据部门根据资产负债部门的统筹安排，配合开展票据交易。虽然交易可能带来收益，但在市场集中进行单边操作时，往往可能出现亏损。因此整体来看，信贷规模"蓄水池"属于票据交易的外部动机。未来这一外在动机能否存续仍需持续关注，一旦票据资产的信贷属性被剥离，此项交易动机将不复存在。目前已有此类监管动向。2021年4月，银保监会下发的《关于2021年进一步推动小微企业金融服务高质量发展的通知》（银保监办发〔2021〕49号）明确指出，在普惠型小微企业贷款的"两增"监管考核口径中，剔除票据贴现和转贴现业务相关数据。2021年6月，人民银行和银保监会发布《金融机构服务乡村振兴考核评估办法》，在涉农贷款占各项贷款占比方面规定不包含票据融资。

（三）流动性管理工具

票据交易对于流动性管理的作用体现在流动性支持和负债成本两方面。在流动性宽裕时，银行增加转贴现配置，运作买入返售；当流动性紧缺、头寸紧张的时候，转贴现卖出或者通过卖出回购融资。票据交易的金额越来越大，对金融机构的流动性影响也越发显著，大型金融机构通常将票据转贴现业务的净交易额纳入流动性头寸预报范围，并设定票据回购的规模上限及波动率，平滑票据交易对流动性的影响。由于流动性管理本身并非票据部门的职责，因此流动性管理的需要是交易的外部动机。

银保监会自2018年起实施《商业银行流动性风险管理办法》（中国银行保险监督管理委员会令2018年第3号），提出了一系列流动性风险监管指标，包括流动性覆盖率、净稳定资金比例、流动性比例、流动性匹配率和优质流动性资产充足率。其中，当前阶段对资产规模2000亿元以上的商业银行票据经营影响较为深远的，是流动性覆盖率（LCR）及净稳定资金比例（NSFR）。

1. 流动性覆盖率。流动性覆盖率监管指标旨在确保商业银行具有充足的合格优质流动性资产，能够在规定的流动性压力情景下，通过变现这些资产满足未来至少30天的流动性需求。

$$流动性覆盖率 = \frac{合格优质流动性资产}{未来30天现金净流出量}$$

流动性覆盖率的最低监管标准为不低于100%，每月末核定一次，即每月末的合格优质流动性资产须覆盖未来30天内的现金流净流出。具体到票据领域，票据资产不计入分子（合格优质流动性资产），但票据交易将影响一级资产中存放央行的准备金。票据资产到期会影响分母30天内现金净流出量。由于票据资产规模月度变化相对平稳，故在实际业务操作中多调节库存票据期限结构，预估未来30天内的票据到期量以优化指标，对票据交易利率的影响主要体现在跨月托收票据上，其影响程度较不显著。

2.净稳定资金比例。净稳定资金比例监管指标旨在确保商业银行具有充足的稳定资金来源，以满足各类资产和表外风险敞口对稳定资金的需求。

$$净稳定资金比例 = \frac{可用的稳定资金}{所需的稳定资金}$$

净稳定资金比例的最低监管标准为不低于100%，每季度末核定一次，即每季度末负债乘以根据期限核定的系数之和须大于资产乘以根据期限核定的系数之和。根据期限核定系数规则可知，负债期限越长，资产期限越短，NSFR指标越优。针对票据资产而言，最长期限不超过1年使其系数最高为50%，半年以下为15%，在目前的实际业务操作中以增加长期限负债为主优化指标。如在后期NSFR指标压力增大，在票据融资规模确定的前提下，需要通过调整票据结构优化指标时，长期票据会被短期票据替代，形成新的交易需求（见表1）。

表1 净稳定资金比例项目表（票据相关）

表内资产	所需稳定资金系数
（1）向金融机构发放的剩余期限小于6个月的其他无变现障碍贷款，不包括已纳入10%所需稳定资金系数类别的贷款； （2）无变现障碍的2A资产。无变现障碍2A资产须满足流动性覆盖率的相关要求，包括：①由在信用风险标准法下适用20%风险权重的主权实体、中央银行、公共部门实体（PSEs）、多边开发银行发行或担保的可交易证券；②信用评级为AA-级或更高的公司债券（含商业票据）和担保债券	15%
（1）无变现障碍的2B资产； （2）存在变现障碍的时间在6个月到1年之间的合格优质流动性资产； （3）向金融机构和中央银行发放的剩余期限为6个月到1年的贷款； （4）存放在其他金融机构的业务关系存款（且接收存款方对该业务关系存款适用50%的可用稳定资金系数）； （5）其他剩余期限小于1年的非合格优质流动性资产，包括向非金融机构客户、零售和小企业客户、主权、公共部门实体、多边和国家开发银行发放的贷款	50%

（四）公司客户服务渠道

票交所成立以来，票据支付和融资更受企业青睐，用票企业数量由2017年的105.9万户提升至2021年的318.8万户，年均增速为31.7%。票据交易推动数以百万计的企业直通货币市场，其中中小微企业用票家数已达314.73万家，市场占比为98.7%。以公司客户服务渠道为导向的交易动机，一般会体现在票据一级和二级市场的经营联动上，通过"前端贴现＋后端卖出"操作，按照货币市场的利率为企业提供低成本融资服务。这类模式在票据业务中较为常见，目的往往是服务战略客户，获取长期业务利润。因此票据人员有动力开展此类交易，属于交易的内在动机。

公司客户的经济活动是票据供给的主要来源，以公司客户服务渠道为导向的交易主要由票据贴现银行发起，动机主要包括卖出贴现票据、锁定业务收益、降低持票成本、控制利率风险、释放企业授信等。公司客户的票据供给直接影响票据交易中的供求关系，受季节性和企业开工影响较为明显。一般来说，春节前、季末、半年末、年末等时点企业的承兑和贴现需求较大，因此贴现银行的交易卖票会更为活跃。如果此时商业银行因信贷规模紧张而需求有限，交易利率会显著上涨，例如2020年和2021年的1月票据市场就发生供大于求的情况。反之，当企业经济活动减弱，承兑量或者开票量下降，票据往往供不应求，交易利率下降。

（五）同业客户合作方式

票交所成立以后，票据市场参与者数量持续增加。截至2021年末，会员单位数量逾3000家，系统参与机构数超过10万家，机构类型包括政策性银行、商业银行、农村金融机构、财务公司、证券公司等法人机构，以及各类非法人产品。多元化的交易主体为票据市场带来了丰富的交易策略，创新了同业票据的合作形式，达成资源互换，创造价值并维护同业客户关系。由此产生的票据交易大多属于内部动机。

同业客户合作方式为导向的票据交易模式较多，通常涉及多个参与主体。例如，票据资管业务，由委托人委托管理人成立非法人产品，以资管计划的形式参与票据交易。再如，部分金融机构出于内外部管理要求，无法与受限的交易对手直接进行交易。此时，交易双方通常会选择：（1）终止交易，再次回到票据市场寻找可替代的交易对手；（2）寻找双方交易对手管理规则中均准入的第三方交易对手，通过类似撮合交易的业务模式完成交易，形成新的交易需求。

需要说明的是，同一笔票据交易动机有时并不唯一，通常交易双方各有所需。例如在信贷"蓄水池"场景下，金融机构出于外部动机发起票据交易，但如果遇到同业客户有此类需求，则也会带有内部动机。因此，票据交易的具体动机需要综合分析场景和主体后予以判断，对于少数隐性变异的交易行为，可以成立专家评审机制进行科学辨别。

三、票据交易动机对市场利率影响的实证分析

（一）票据利率和交易动机的指标选择

本文以1年期国股银票转贴现收益率为被解释变量（PRATE）。票据交易动机方面，本文选择AAA主体的1年期同业存单到期收益率（NCD1Y）作为描述票据交易收益的资金利率，既能反映国股行承兑银票的信用风险，也能较好地反映金融机构参与票据交易的资金成本；选择AAA主体的1年期和1个月同业存单到期收益率的差值（QRATE＝NCD1Y－NCD1M）作为票据交易的流动性溢价，衡量长短期限流动性差异对票据利率的影响；选择票据融资信贷占比（票据融资余额/境内企事业单位贷款余额，XSIZE）衡量规模溢价，反映金融机构通过票据融资规模管控，达成信贷目标的规模补偿；选择票据承贴比（票据贴现发生量/票据承兑发生量，TSIZE），反映金融机构票据服务实体融资的活跃程度，衡量票据一级市场活跃度对利率的影响；选择票据转贴现周转率（票据

转贴现发生量/已贴现票据未到期余额均值，ZSIZE），反映金融同业间票据交易活跃程度，衡量票据二级市场活跃度对利率的影响。变量数据来源于Wind金融数据库和上海票据交易所公布的市场数据，实证分析变量定义见表2。

表2　实证分析变量定义

分类	变量	符号	交易动机
被解释变量	国股银票转贴现收益率：1年	PRATE	
解释变量	同业存单到期收益率（AAA）：1年	NCD1Y	收入利润来源
	同业存单到期收益率期差（1年和1月）	QRATE	流动性管理工具
	票据融资信贷比（票据融资余额/境内企事业单位贷款余额）	XSIZE	信贷规模"蓄水池"
	票据承贴比（票据贴现发生量/票据承兑发生量）	TSIZE	公司客户服务渠道
	票据转贴现周转率（票据转贴现发生量/已贴现票据未到期余额均值）	ZSIZE	同业客户合作方式

本文对以上指标进行相关性分析，发现票据利率（PRATE）和代表交易成本的资金利率（NCD1Y），以及衡量规模溢价的票据融资信贷占比（XSIZE）相关性较高，其中票据利率和资金利率保持同向关系，与融资占比成显著反向关系。同时，票据利率与贴现活跃度（TSIZE）存在中度反向相关性，与转贴现活跃度（ZSIZE）存在中度正向关系，与流动性期差（QRATE）的相关性较弱（见表3）。

表3　票据利率的相关系数

变量	PRATE	NCD1Y	QRATE	XSIZE	TSIZE	ZSIZE
PRATE	1	0.9395	0.2358	−0.9358	−0.5538	0.5609
NCD1Y	0.9395	1	0.1662	−0.9086	−0.5917	0.5522
QRATE	0.2358	0.1662	1	−0.3304	−0.0873	0.0397
XSIZE	−0.9358	−0.9086	−0.3304	1	0.4784	−0.6220
TSIZE	−0.5538	−0.5917	−0.0873	0.4784	1	−0.1124
ZSIZE	0.5609	0.5522	0.0397	−0.6220	−0.1124	1

（二）票据利率的影响分析

1. 模型设定和参数预估。在以上指标分析的基础上，本文根据利率期限结构理论，通过基础资金利率和风险补偿构建票据利率分析模型，其中基础利率、规模溢价、流动性溢价、企业服务溢价、同业合作溢价分别对应收入利润来源、信贷规模"蓄水池"、流动性管理工具、公司客户服务渠道、同业客户合作方式五项票据交易动机，即票据利率＝基础利率＋规模溢价＋流动性溢价＋企业服务溢价＋同业合作溢价。模型表示如下，并采用变量逐步添加的方式进行参数预估。

$$PRATE_t = a_0 + a_1 NCD1Y_t + a_2 QRATE_t + a_3 XSIZE_t + a_4 TSIZE_t + a_5 ZSIZE_t + \varepsilon_t$$

本文选取2017年10月至2021年8月的6个变量的月度数据，分析票据交易动机对市场利率的影响因素和传导机制。多变量模型的拟合优度调整R^2为0.9132，资金利率、规模溢价和截距项的参数预估通过显著性检验，其中票据利率与资金利率成正向关系，与规模溢价成反向关系，与相关性分析结果一致（见图5）。流动性溢价、企业服务溢价、同业合作溢价的参数没有通过显著性检验。

$$PRATE_t = 4.6552 + 0.5268 \times NCD1Y_t - 0.6379 \times XSIZE_t$$
$$P = (0.0015) \quad (0.0463) \quad\quad\quad (0.0003)$$

Dependent Variable: PRATE
Method: Least Squares
Date: 10/02/21 Time:21:17
Sample: 2017M10 2021M08
Included observations: 47

Variable	Coefficient	Std.Error	t–Statistic	Prob.
NCD1Y	0.526804	0.256308	2.055354	0.0463
NCD1M	0.040129	0.166269	0.241347	0.8105
XSIZE	−0.637905	0.159958	−3.987956	0.0003
TSIZE	−0.004859	0.007443	−0.652912	0.5175
ZSIZE	−0.000890	0.003165	0.281205	0.7800
C	4.655209	1.367491	3.404198	0.0015

R–squared	0.922653	Mean dependent var	3.436385
Adjusted R–squared	0.913220	S.D.dependent var	0.935686
S.E.of regression	0.275638	Akaike info criterion	0.379290
Sum squared resid	3.115038	Schwarz criterion	0.615479
Log likelihood	−2.913317	Hannan–Quinn criter	0.468170
F–statistic	97.81519	Durbin–Watson stat	0.650582
Prob (F–statistic)	0.000000		

图5 多变量模型的参数结果

2. 模型检验。

（1）平稳性检验。为了避免模型分析中可能存在的伪回归，本文运用ADF检验法对各个变量进行单位根检验，以确定原变量序列的平稳性。单位根检验结果表明（见表4），流动性期差（QRATE）、票据承贴比（TSIZE）、票据转贴现周转率（ZSIZE）的原序列ADF统计量对应的P值小于0.05，即拒绝原序列存在单位根的假设，则原序列为平稳序列 I（0）。票据转贴现收益率（PRATE）、同业存单收益率（NCD1Y）、票据融资信贷占比（XSIZE）的原序列ADF统计量对应的P值大于0.05，原序列不平稳；一阶差分后ADF统计量对应的P值小于0.05，即PRATE、NCD1Y和XSIZE为一阶单整序列 I（1）。

表4 单位根检验结果

变量	ADF统计量	1% level	5% level	10% level	P值	结论
PRATE	−2.8781	−3.6210	−2.9434	−2.6103	0.0576	I（1）
NCD1Y	−2.2102	−3.5885	−2.9297	−2.6031	0.2057	I（1）
QRATE	−3.4035	−3.6268	−2.9458	−2.6115	0.0174	I（0）
XSIZE	−1.7890	−3.5847	−2.9281	−2.6022	0.3811	I（1）
TSIZE	−3.0726	−3.5812	−2.9266	−2.6014	0.0357	I（0）
ZSIZE	−3.3281	−3.5812	−2.9266	−2.6014	0.0192	I（0）
D（PRATE）	−3.0549	−2.6290	−1.9501	−1.6113	0.0032	I（0）
D（NCD1Y）	−4.8963	−2.6186	−1.9485	−1.6121	0.0000	I（0）
D（XSIZE）	−3.5529	−2.6174	−1.9483	−1.6122	0.0007	I（0）

（2）协整检验。根据平稳性检验，PRATE、NCD1Y和XSIZE为一阶单整序列 I（1），为确定变量是否存在长期均衡关系，需要进行协整检验。检验前需要先确认模型的滞后阶数，根据AIC最小化原则确定最优滞后阶数为2阶（见表5）。

表5 滞后阶数选择

Lag	LogL	LR	FPE	AIC	SC	HQ
0	−55.60120	NA	0.003064	2.725637	2.848512	2.770950
1	67.97434	224.1603	1.49e−05	−2.603458	−2.111960*	−2.422209
2	82.14115	23.72116	1.18e−05*	−2.843774*	−1.953653	−2.526588*
3	85.63394	5.361025	1.55e−05	−2.587625	−1.358881	−2.134502
4	99.65456	19.56367*	1.27e−05	−2.821143	−1.223775	−2.232083

本文运用Johansen-Juselius检验对三个变量的时间序列进行协整分析，Trace检验在5%的置信水平上拒绝了至多存在一个协整关系的原假设，因此原序列存在两个协整关系（见表6）。

表6 Johansen协整检验结果（基于Trace检验）

Hypothesized No.of CE(s)	Eigenvalue	Trace Statistic	0.05 Critical Value	Prob.**
None*	0.374608	36.96088	29.79707	0.0063
At most 1*	0.259819	15.83896	15.49471	0.0444
At most 2	0.049832	2.300251	3.841466	0.1294

注：Trace test indicates 2 cointegrating eqn(s) at the 0.05 level。

根据协整检验结果，PRATE、NCD1Y和XSIZE变量之间存在长期稳定的均衡关系，经标准化后的协整关系式如下：

$$PRATE_t = 1.0494 \times NCD1Y_t - 0.3035 \times XSIZE_t$$

协整关系的系数符号与多变量模型参数预估结果一致，符合理论预期，表明在其他条件确定的情况下，票据收益率与同业存单收益率存在长期均衡关系。当NCD1Y每增加1个单位，PRATE增加1.0494个单位，即1年期同业存单收益率（NCD1Y）作为票据交易的资金成本，与票据转贴现收益率（PRATE）有较强的正向关系，且票据收益率增幅大于同业存单，体现出票据交易的盈利动机。同时，当XSIZE每增加1个单位，PRATE降低0.3035个单位，即票据融资信贷占比（XSIZE）作为规模溢价，与票据转贴现收益率（PRATE）有较强的反向关系。

3. VECM模型构建及分析。为进一步研究变量间的量化关系以及短期动态特征，本文在协整方程的基础上建立向量误差修正模型（VECM）。向量误差修正模型是受协整关系约束的VAR模型，因此滞后阶数设置为1阶。模型的平稳性通过单位根检验，其结果为所有的特征根均位于单位圆内（见图6）。

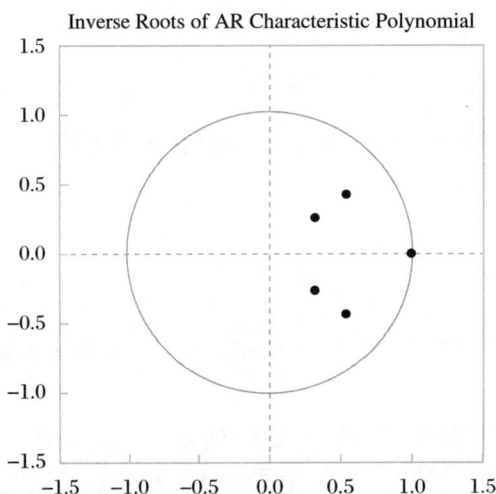

图6 单位根检验结果

VECM模型的误差修正项与协整检验的协整关系式在系数符号上保持一致，但加入了常数项，表达式如下：

$$ECM_t = PRATE_t - 1.0494 \times NCD1Y_t + 0.3035 \times XSIZE_t + 1.2843$$

向量误差修正模型如下，误差修正项的系数为-0.1823，表明当票据收益率偏离长期均衡状态时，误差修正项会使票据收益率向长期均衡状态调整，使短期票据收益率从其长期状态中偏离的18.23%得以调整。这样的调整力度说明票据收益率偏离长期均衡时，能以中等速度恢复到其均衡状态。

$$\Delta PRATE_t = [0.1992\ 0.1287\ 0.3768] \times \begin{bmatrix} \Delta PRATE_{t-1} \\ \Delta NCD1Y_{t-1} \\ \Delta XSIZE_{t-1} \end{bmatrix} - 0.0505 - 0.1823 \times ECM_{t-1}$$

四、票据交易的策略建议和未来展望

（一）策略建议

基于票据交易的动机分析和实证研究，金融机构可以统筹内外部动机，合理安排票据交易策略。

1. 金融机构首选法人内部交易，满足信贷规模调控、流动性管理等外部动机。即在总行组织下，金融机构优先在各区域分支机构间进行差异互补、调整结构以寻求自平衡。当面临总量调整的压力时，金融机构倾向于通过单边交易或回购业务，满足规模管控和流动性管理等外部需要。

2. 金融机构出于内部动机，即通过票据交易来投资盈利、服务企业、同业合作时，展现出较强的主动性和创造力，产生了一系列交易模式。未来围绕票据交易的内部动机，票据市场有望迎来新的产品和交易模式。

3. 实证检验了票据收益率与同业存单收益率存在长期正向均衡关系，且票据收益率增幅大于同业存单，体现出票据交易的盈利动机。同时，票据融资信贷占比作为规模溢价，与票据转贴现收益率存在长期反向均衡关系，体现出票据的信贷规模"蓄水池"功效。流动性溢价、企业服务溢价、同业合作溢价对票据转贴现收益率的影响不显著。

（二）未来展望

票交所成立后，票据业务朝着业务电子化、交易集中化和信息透明化的方向发展，票据交易效率显著提升，操作风险显著下降。展望未来，随着票交所基础设施功能的不断完善，以及产品服务的不断丰富，票据交易将呈现主体多元化、策略智能化、交易程式化、风险差异化。

1. 主体多元化。2016年，中国人民银行颁布《票据交易管理办法》（中国人民银行公告〔2016〕第29号），明确票据市场的参与者包括法人类机构和非法人类产品。截至2021年末，票据交易系统上线会员机构数已经突破3000家，

ECDS参与者数量突破10万户，包括政策性商业银行、外资银行、证券公司以及非法人产品等不同类型的机构参与票据交易。多样化的业务需求和交易动机降低了同向交易集中度，熨平了特殊时点票据利率的剧烈波动，健全完善了多层次的票据市场。

2. 策略智能化。票据业务电子化推动信息发生频度和传播速度显著提升，地区间的空间壁垒也随之被打破，交易赚取信息溢价的空间不断缩窄，票据交易智能投研的需求越发强烈和迫切。例如，部分金融机构开展信用风险智能投研，构建票据资产信用评分模型，提升票据交易的信用溢价和安全边际。未来票交所积累的海量票据信息和高频交易数据，为数据挖掘、量化模型、FinTech、人工智能的研发提供数据基础。金融机构基于不同的智能模型，可以设置独立的盈利策略、期限策略、信用策略、套利策略等，达成差异化的经营目标和交易动机。

3. 交易程式化。目前债券市场和股票市场已经出现了程式化交易的新特征，未来有望在票据市场复制，提升交易效率，降低人工成本。例如现有的撮合交易，撮合方需在不同机构间询价，占用的人工成本较高，而获利较少。少数机构已经开发了自动撮合平台。票据业务系统按程式化流程录入清单、校验授信、确认交易双方后，实现自动审批和一点式成交，大幅加快撮合交易的效率，并锁定利率，规避风险。

4. 风险差异化。金融市场出于不同动机，设置差异化交易策略，与之对应需要建立个性化的风险防控机制。例如，部分以持票生息为交易目的的机构，需要在经济增速减缓的新常态时期，防范特定产业群或区域性问题暴露带来的信用风险，以及中小商业银行、财务公司的同业交叉违约风险传递。部分以高频交易获取价差的机构，需要重点防范操作风险，规范业务操作流程，完善系统功能和数据后台。

参考文献

[1] 陈卫东，曾一村，凌典. 财报视角下的票据盈利驱动力研究 [M]// 中国

票据研究中心 . 中国票据市场研究（2019 年第 1 辑）. 北京：中国金融出版社，2019.

[2] 侯林，李论 . 票据市场量化交易模型初探 [M]// 中国票据研究中心 . 中国票据市场研究（2020 年第 1 辑）. 北京：中国金融出版社，2020.

[3] 江西财经大学九银票据研究院 . 票据学 [M]. 北京：中国金融出版社，2021.

[4] 李明昌，汪武超，林竹青 . 中国票据市场的三次革命 [M]// 中国票据研究中心 . 中国票据市场研究（2019 年第 1 辑）. 北京：中国金融出版社，2019.

[5] 上海票据交易所 . 中国票据市场：历史回顾与未来展望 [M]. 北京：中国金融出版社，2018.

[6] 汤莹玮，张婕珂 . 美国票据市场发展借鉴 [J]. 中国金融，2017 (22)：81-83.

[7] 薛亮 . 交易行为对可交易债券价值及利率风险的影响 [D]. 上海：复旦大学，2008.

[8] 张蕲博 . S 银行同业存单投资业务研究 [D]. 上海：上海交通大学，2018.

[9] 中国工商银行票据营业部课题组 . 新形势下票据市场价格形成机制研究 [J]. 票据研究，2020 (2).

课题组组长：侯　林

成　　员：韩　松　李心宇　罗　兰　黄　燕　肖晨晔　冯　妍

商业汇票缓解
中小企业融资约束研究

林　璐[①]

[摘　要]　中小企业作为国民经济发展的生力军，在国民经济中发挥了重要的作用，但始终面临融资难融资贵的困境，制约自身发展。商业汇票由于具有方便灵活、操作便捷、融资门槛低等特点，是天然契合中小企业融资需求的金融工具。为探究商业汇票在缓解中小企业融资约束方面能否产生积极作用，本文从理论分析和实证研究两个方面着手进行研究分析。理论分析表明，商业汇票丰富了中小企业支付手段，在降低融资利率、加快融资速度、提升融资额度等方面均能发挥积极作用。实证分析选取2016—2020年新三板上市公司样本数据，运用现金—现金流敏感模型研究中小企业融资约束问题。实证研究表明，中小企业普遍面临融资约束，存在现金—现金流敏感性；而商业汇票的应用，则能够显著缓解中小企业的融资约束。

[关键词]　中小企业　融资约束　现金—现金流敏感模型

---

① 林璐，供职于中国民生银行。

一、中小企业融资约束现状

改革开放以来我国经济飞速发展，企业经营环境持续改善，中小企业数量和规模迅速扩张，迎来了蓬勃发展。据工信部统计，我国现有4000多万家企业中，95%以上是中小企业。作为国民经济增长的重要引擎之一，中小企业在吸纳就业、推动科技发展、促进经济增长、提升产业多元化水平等方面发挥着重要的作用。

随着中小企业群体的不断扩大，其资金需求也不断上升。然而中小企业自身规模较小、盈利能力较弱、经营稳定性较差，向外界传达的企业稳健性信号不足，导致融资渠道狭窄，难以通过发行股票、债券等直接融资的途径获取资金，主要以间接融资为主。金融机构出于控制风险的目的往往对中小企业采取较高门槛的信贷政策和借贷利率，企业面临获取外部资金利率不正常、时间不及时、额度不充足的融资困境，存在融资约束。

由于信息不对称和代理成本问题的存在，中小企业的融资约束较为普遍，融资难融资贵成为众多中小企业面临的难题，不利于其未来优质项目投资、创新产品研发以及经营效率的提升等。当存在融资约束难以获取外部融资时，中小企业不得不选择内源融资的方式，提高现金留存比例以满足未来的资金需求，现金管理难度加大。

二、商业汇票成为中小企业的重要融资渠道

（一）商业汇票是中小企业的常用融资工具

商业汇票是一种基础且传统的融资方式，具有覆盖面广、便捷灵活、成本较低的优势，与中小企业"短、频、快"的融资需求十分契合。通过商业汇票的应用，企业成功获取了银行或大型企业的增信，增加了外部融资机会；减少了与金融机构之间的信息不对称，有效降低了融资门槛和利率。

商业汇票为实体经济、中小企业的转型发展提供了有力的金融支持。据上海票据交易所统计，2021年全年中小微企业用票企业家数达到314.73万家，占比为98.70%；中小微企业用票金额达到69.10万亿元，占比为72.19%。商业汇票的使用范围十分广泛，覆盖了大多数企业，为中小企业融资提供便利。

（二）商业汇票贴现利率优势显著

商业汇票与实体经济尤其是中小企业发展紧密联系，在满足实体企业的支付和融资需求、促进商业信用发展、降低中小企业融资约束方面发挥了重要作用。2021年全年票据贴现利率较LPR（1年期）平均低100个基点，充分体现了票据服务实体经济、降低企业融资成本的市场优势。

据人民银行统计，2021年12月新发放企业贷款加权平均利率为4.76%，而票据融资加权平均利率仅为2.18%，二者利率差距高达239个基点，说明票据能够显著降低企业融资利率（见表1）。

表1 2021年12月新发放贷款加权平均利率情况

单位：%

分类	12月	同比变化
新发放贷款加权平均利率	4.76	−0.27
一般贷款加权平均利率	5.19	−0.11
其中：企业贷款加权平均利率	4.57	−0.04
票据融资加权平均利率	2.18	−0.92
个人住房贷款加权平均利率	5.63	0.29

数据来源：中国人民银行。

三、商业汇票缓解融资约束理论分析

合理利用商业汇票这一金融工具，中小企业能够有效拓宽融资渠道，从支付手段、融资利率、融资速度、融资额度几个方面全方位缓解融资约束，提升自身发展空间。

（一）商业汇票丰富了中小企业支付手段

商业汇票为企业支付结算提供便捷。作为支付结算工具，商业汇票具有法律基础良好、权责关系清晰的优势，能够被其他企业广泛接受。与应收账款相比，商业汇票由于有《中华人民共和国票据法》等法律法规作为制度基础，有效解决了应收账款等产品确权难的问题，市场认可度高、流通性好。

商业汇票缓解企业资金支付压力。以商业汇票进行支付，出票企业能够法定地延长账期。通过调整交易支付时间，企业一方面能够赚取资金的时间价值，节省企业成本，提高资金效益；另一方面能够获取一定期间内的资金融通，缓解企业即期支付压力，减轻现金管理方面的挑战，为企业发展扩张提供支持。

（二）商业汇票降低了中小企业融资利率

1.上海票据交易所的建立，推动票据利率透明化。上海票据交易所自2016年成立以来，充分发挥票据市场基础设施功能，在制度设计、系统建设、产品创新、风险管理等方面进行了全面重塑，票据市场逐步转型为全国统一、安全高效、电子化的现代市场。随着票据市场的信息不对称和地域限制逐步消除，商业汇票市场化程度不断提升，票据贴现价格更加透明。中小企业的商业汇票融资，能够享受较为公允的市场贴现价格，减少信息不对称造成的融资成本抬升。

2.引入银行或核心企业信用，显著降低融资利率。商业汇票功能多样，不仅可以作为支付结算工具使用，以签发或背书转让票据的方式支付货款，解决企业短期支付结算需求；也可以作为融资工具使用，向金融机构申请票据贴现或质押融资，快速获取流动资金。商业汇票融资通过引入银行信用或核心企业信用，解决了中小企业由于自身信用条件较差导致的信用风险溢价问题，降低企业融资利率。

3.票据兼具信贷和资金属性，提供跨市场低融资利率。商业汇票的生命周期涵盖承兑、背书转让、贴现、转贴现、再贴现等，具有一级贴现市场、二级转贴现市场和三级再贴现市场，三个市场联动对企业贴现融资利率施加影响。企业客户申请票据贴现后，金融机构可以选择持有到期获取利息收入，或者将票据在二级市场转卖获取交易价差，抑或在满足人民银行再贴现政策要求的前提下办理票据再贴现业务。

商业汇票同时连接实体经济和资金市场，其贴现报价影响因素众多，诸如市场贴现利率、信贷规模、票据转贴现价格、再贴现政策及价格都能对前端贴现价格施加影响。得益于票据的二级市场参与者众多、交易方便快捷、价格信息透明的特点，票据市场能够快速将银行间资金利率传导至贴现价格，商业汇票融资享受跨市场的低利率报价，有效降低金融企业成本。

4. 央行再贴现政策重点扶持，中小企业享受优惠贴现利率。商业汇票是发挥央行货币政策传导效应的有效手段，央行通过对中小微企业尤其是民营企业和绿色企业制定重点扶持的再贴现政策，给予特定企业贴现票据专项额度和优惠利率，以票据市场联动方式传导和影响中小企业贴现市场利率。中小企业以商业汇票融资，能够享受再贴现政策的专项支持，充分发挥再贴现精准滴灌的作用，降低企业融资利率。

（三）商业汇票提高中小企业融资速度

1. 票据贴现市场发展成熟，企业融资通道畅通。商业汇票具有发展成熟的贴现市场，支持持票企业在有资金需求时快速贴现融资，增强企业活力。持票企业在开户银行网银端甚至手机银行即可发起票据贴现或质押融资申请，申请渠道多样，方便快捷。上海票据交易所推出的"贴现通"产品，更是进一步破除了贴现市场的信息壁垒，在全国范围内实现待贴现票据和待投放资金的精准匹配，为企业客户贴现提供更多选择。

2. 商业汇票融资门槛低，手续简便，到账速度快。与股票、债券等直接融资方式以及银行贷款等其他间接融资方式相比，商业汇票对融资申请人的条件限制较少，融资门槛低。由于具有银行或大型企业的信用背书，加之真实的贸易背景，票据融资的信贷审批相对容易，企业仅需提供少量的审批资料即可快速获取贴现资金。

根据《中国人民银行关于规范和促进电子商业汇票业务发展的通知》（银发〔2016〕224号），企业申请电票贴现的，无须向金融机构提供合同、发票等资料，自助贴现等线上化产品由此迎来快速发展时期。企业使用自助贴现类产品，大幅提升融资速度，解决了客户在其他融资方式中遇到的询价流程长、操作步骤多、到账时间久、财务成本高等痛点，极大方便了实体企业客户的融资需求。

（四）商业汇票缓解了中小企业融资额度限制

由于中小企业普遍资质条件较差、经营风险较高，金融机构惜贷现象严重，企业获批的授信额度难以满足自身发展需求。商业汇票融资则可以借助银行或核心企业的信用背书，很大程度上缓解企业面临的融资额度限制。持票人申请票据贴现时，通过占用银行同业授信额度（银行承兑汇票）或承兑人的企业授信额度（商业承兑汇票），不仅能够降低企业融资利率，还能显著缓解中小企业融资额度方面的限制，为企业发展提供充足的流动资金。

四、商业汇票缓解融资约束的实证分析

（一）模型构建

本文采用现金—现金流敏感模型来定量测度中小企业融资约束。根据优序融资理论，由于信息不对称，企业融资时会优先使用内部盈余资金，而后再考虑外部资金。外部融资约束越大，企业对内部现金流的依赖越强，其受现金流的影响也越显著。

存在融资约束的企业，难以快速灵活地从企业外部获取资金，更多地采

用内源融资的方式。企业需做好充分的资金预算及规划，在综合权衡当前及未来的投资机会的基础上决定最佳现金持有量。通常情况下，存在融资约束的企业将提取更多现金储备以满足未来现金流的需求，因而存在现金—现金流敏感性。对不存在融资约束的企业而言，能够较容易地获得外部资金，无须对投资项目进行取舍，投资行为不影响企业的现金持有量，现金—现金流敏感性较弱。

为验证中小企业是否存在融资约束，构建模型一：

$$\Delta Cash = \beta_0 + \beta_1 CF + \beta_2 SZ + \beta_3 GR + \beta_4 ROA + \beta_5 Lev + \beta_6 \Delta NWC + \varepsilon$$

为验证商业汇票对缓解中小企业融资约束的影响，构建模型二：

$$\Delta Cash = \beta_0 + \beta_1 CF + \beta_2 CP + \beta_3 CF \times CP + \beta_4 SZ + \beta_5 GR + \beta_6 ROA + \beta_7 Lev + \beta_8 \Delta NWC + \varepsilon$$

（二）指标选取

为便于不同企业之间的比较，消除企业规模差距造成的偏误，本文对变量均用期末总资产进行标准化。

现金流量（CF）使用企业经营活动现金流量净额/期末总资产进行衡量。存在融资约束的企业，将更多地采取内部融资方式，留存一定经营活动产生的现金以应对将来的资金需求，现金持有量增加。模型中系数β_1反映了企业现金持有量变动（$\Delta Cash$）对经营活动现金流（CF）的敏感性，β_1绝对值越大，敏感性越强。

商业汇票（CP）使用企业年报中的应付票据/期末总资产进行衡量。借助商业汇票这一金融工具，企业能够以背书流转的方式支付应付账款，或采取票据贴现或质押等方式获取现金流，起到缓解融资约束的作用。模型中系数β_2反映了商业汇票与现金持有量变动之间的关系，如该数值为负值，则表明商业汇票能够降低现金持有量变动。

引入现金流量与商业汇票的交互项，验证商业汇票的运用对缓解中小企业融资约束的作用。如交互项系数显著为负值，则说明商业汇票的应用能够起到缓解中小企业融资约束的作用，且该系数越大，缓解融资约束的效果越强。

控制变量从企业规模、企业成长性、企业盈利能力、资产负债率、非现金净营运资本增加额几个维度选取指标，具体模型变量及释义如表2所示。

表2　模型变量及释义

变量类型	变量符号	变量含义	计算方法
被解释变量	$\Delta Cash$	现金持有量变动	现金及现金等价物增加额/期末总资产
核心解释变量	CF	现金流量	经营活动现金流量净额/期末总资产
	CP	商业汇票	应付票据/期末总资产
控制变量	SZ	企业规模	ln（期末总资产）
	GR	企业成长性	销售收入增加额/期末总资产
	ROA	企业盈利能力	净利润/期末总资产
	Lev	资产负债率	总负债/总资产
	ΔNWC	非现金净营运资本增加额	非现金净营运资本增加额/总资产

（三）实证分析

1. 样本选择与数据处理。本文选取2016—2020年使用商业汇票的新三板上市公司作为研究样本，剔除ST、退市公司的样本和相关数据缺失的样本，共获取7138个样本数据。本文数据来源于Wind数据库，使用Stata软件进行回归分析。

2. 描述性统计分析。变量描述性统计详见表3。大多数变量的最大值与最小值之间存在较大差异，以资产负债率（Lev）、企业成长性（GR）、企业规模（SZ）三个变量尤为突出，表明新三板上市公司的企业规模和经营情况存在较大差异。不同企业之间对商业汇票的运用各不相同，商业汇票（CP）的最小值接近0，最大值达到资产总额的7%。

表3　变量描述性统计

变量	均值	最大值	最小值	标准差
$\Delta Cash$	0.006	0.774	−1.533	0.075
CF	0.042	1.256	−1.043	0.105
CP	0.062	0.675	0.000	0.070
SZ	19.239	25.320	15.537	1.092
GR	0.092	6.238	−16.968	0.423
ROA	0.045	0.990	−4.323	0.101
Lev	0.506	16.245	0.023	0.306
ΔNWC	0.011	1.018	−3.501	0.139

3. 变量相关性分析

从表4可以看出，各变量之间的Pearson相关系数绝对值均低于0.5，且绝大多数变量间的相关系数在1%的水平上显著，可以初步判断变量之间不存在多重共线性。

现金持有量变动（$\Delta Cash$）与现金流量（CF）之间的相关系数为0.337，说明企业现金持有量变动与经营活动现金流净额存在正相关关系；现金持有量变动（$\Delta Cash$）与商业汇票（CP）之间的相关系数为−0.016，表明二者之间存在负相关关系，与预期结果相符。

表4　变量相关性分析

变量	$\Delta Cash$	CF	CP	SZ	GR	ROA	Lev	ΔNWC
$\Delta Cash$	1							
CF	0.337***	1						
CP	−0.016*	−0.079***	1					
SZ	0.011*	−0.019*	−0.029***	1				
GR	0.103***	0.035***	0.080***	−0.032***	1			
ROA	0.203***	0.266***	0.039***	−0.082***	0.211***	1		
Lev	−0.019*	−0.064***	0.141***	0.106***	0.014*	−0.492***	1	
ΔNWC	−0.221***	−0.224***	−0.097***	−0.077***	0.076***	0.374***	−0.320***	1

注：***、**、*分别代表在1%、5%、10%的水平上显著。

为进一步验证变量之间的相关性，对各个变量作方差膨胀因子检验，结果如表5所示。可以看到，各变量的方差膨胀因子（VIF）最大仅为2.069，均小于10，不存在多重共线性。

表5　方差膨胀因子（VIF）检验结果

变量	容差	VIF
$\Delta Cash$	0.500	1.999
CF	0.778	1.286
CP	0.483	2.069
SZ	0.983	1.017
GR	0.921	1.086
ROA	0.484	2.067
Lev	0.591	1.693
ΔNWC	0.733	1.365

4.回归结果分析。模型回归结果见表6。模型一的回归结果显示，经营性现金流（CF）的系数为0.150，且在1%的水平上显著，说明企业现金持有量（$\Delta Cash$）会随自身经营性现金流（CF）正向变动，存在现金—现金流敏感性。由于我国中小企业更多地采用内源融资的方式，以留存资金应对未来资金需求，表明中小企业存在一定的融资约束。

控制变量方面，企业规模（SZ）、企业成长性（GR）、企业盈利能力（ROA）系数均显著为正，与现金持有量变动正相关。企业规模越大、成长性越高对资金需求越大，会持有较多现金；盈利能力越强，内源融资能力越强，企业现金也会较多。资产负债率（Lev）、非现金净营运资本增加额（ΔNWC）系数显著为负，与现金持有量变动负相关。企业负债率越高，将会有更多的现金用于偿付债务本息，现金持有量较少；非现金净营运资本增加额将会导致企业资金流出，现金持有量下降。

模型二引入商业汇票（CP）及商业汇票与现金流量的交互项（$CF \times CP$），

验证商业汇票对中小企业融资约束的影响。从模型的回归结果看到，商业汇票（CP）的系数为-0.077，且在1%的水平上显著，表明企业通过使用商业汇票作为支付或融资手段，能够减少自身现金持有量；交互项（CF×CP）系数为-0.315，且在1%的水平上显著，表明商业汇票的应用能够在一定程度上减弱企业现金敏感性，实现缓解融资约束的作用。

表6　模型回归结果

变量	模型一	模型二
CF	0.150***	0.129***
CP	/	-0.077***
CF×CP	/	-0.315***
SZ	0.001*	0.001*
GR	0.010***	0.010***
ROA	0.205***	0.213***
Lev	-0.019***	-0.022***
ΔNWC	-0.140***	-0.142***
_cons	-0.004	0.002

注：***、*分别代表在1%、10%的水平上显著。

五、政策建议

（一）推进完善票据法律制度建设，为票据市场蓬勃发展提供保障

改革开放后，票据市场与我国实体经济一同蓬勃发展，尤其是上海票据交易所成立后，票据市场迎来业务发展新纪元。然而，票据法律制度建设相对落后，票据制度框架表现出与现有经济形势的滞后性。《中华人民共和国票据法》是1995年参考当时我国经济基本情况颁布的，最近一次修订距今也有17年的时间，严重落后于票据业务实务发展，对票据业务的进一步发展造成一定阻碍。建议国家相关部门加快推进票据业务的理论研究和制度修订，为票据持续

服务中小企业建立强有力的制度基础。

（二）构建良好商业信用体系，提升票据市场活力

当前票据市场中，银行承兑汇票和商业承兑汇票比例失调，商业承兑汇票发展滞后于银行承兑汇票。据上海票据交易所统计，2021年我国商业承兑汇票承兑发生额占全部商业汇票的比例为15.73%，贴现发生额占比仅为8.12%。商业信用基础薄弱是限制商业承兑汇票发展的主要症结，影响了商业承兑汇票的流动性和融资可获得性。

2020年12月相继发布的《规范商业承兑汇票信息披露》（中国人民银行公告〔2020〕第19号）和《商业承兑汇票信息披露操作细则》（上海票据交易所公告〔2020〕4号），代表着商业汇票信息披露机制正式建立，对于提高我国企业信用程度、建立完善市场化约束机制具有重要意义。建议全市场大力推广商票信息披露，不断沉淀和积累中小企业商票信用数据，以此为基础完善中小企业商业信用体系的构建。随着商业信用环境的优化，进一步提高商业承兑汇票市场接受度，释放票据市场活力，促进票据市场持续健康发展。

（三）加快票据产品研发进程，为企业融资提供多样化方案

商业银行是服务中小企业的重要主体，应加大产品创新力度，基于中小企业票据金额小、期限短、数量多的特点，为其提供特色票据产品。商业汇票产品设计主要向着"线上化"和"综合化"两个方向发展，以解决中小企业日常经营中盘活票据资产、降低财务成本、释放运营资金的需求。商业银行需致力于不断提升票据产品线上化水平，为中小企业提供足不出户资金分秒到账的融资体验，提高融资效率；同时，创建融合票据管理、承兑、贴现、质押等功能的综合化服务平台，贯穿票据生命周期多个环节，为客户提供综合化票据服务，节省财务成本。

（四）引入"供应链金融＋票据"的业务发展模式，发挥票据融资服务优势

商业汇票流转基于真实的贸易背景，是天然契合供应链金融发展的金融工具。借助企业间庞大的供应链网络，以"供应链金融＋票据"的业务发展模式为中小企业融资提供中坚力量。该种业务发展模式改变了商业银行以往针对单一企业客户直接授信或综合授信的方式，依托供应链核心企业资信，对供应链上下游合作紧密的企业给予间接授信，实现核心企业信用的传递。

金融机构也能沿供应链进行批量客户开发，增加获客渠道。基于对供应链的深入开发，以客户在供应链中处于的位置和创造的作用，建立多维客户管理体系，实现客户分类管理、精准营销的目的。以此为基础，金融机构可以细化供应链票据融资产品的场景分析和方案设计研究，针对中小企业融资需求推出各具特色的产品和营销方案。

参考文献

[1] 汤莹玮，吴小蒙.商票在供应链金融中的应用 [J].中国金融，2019(5)：86-87.

[2] 王建斌.货币政策对我国上市公司融资约束的差异性影响研究 [J].经济问题，2019(12)：45-51.

[3] 王立清，胡滢.供应链金融与企业融资约束改善——基于产融结合与战略承诺的调节作用分析 [J].中国流通经济，2018，32(6)：122-128.

[4] 谢婉玉.供应链金融对中小企业融资约束的影响研究 [D].济南：山东大学，2021.

[5] 翟舒毅，周文婷.关于票据融资支持实体经济的研究 [J].金融发展研究，2020(2)：62-68.

关于商业承兑汇票服务集团企业供应链金融的思考

陈婷婷[①]

[摘　要]　当前越来越多的集团企业开始关注供应链产业链的安全，重视供应链管理，把发展供应链金融作为集团战略，积极寻求与商业银行、供应链平台、网络技术公司等机构的合作，探索适合集团战略发展的供应链金融模式和发展之路。本文立足于集团企业供应链金融发展的现状，从商业银行服务集团企业的视角，以商票为切入点，探索思考一条商业银行与集团企业互惠共赢、长期稳定合作的可持续发展之路。

[关键词]　供应链金融　集团企业　商业银行　商业承兑汇票

由于新冠肺炎疫情带来全球的经济不确定性，当前越来越多的集团企业开始关注供应链产业链的安全，供应链管理被提升至前所未有的高度。供应链管理通过科技手段集成众多参与者的交易流、物流、资金流等信息，实现交易活动的可视化、数据化，保障供应链不中断，不断优化供应链成本、效率和质量。保障供应链安全，离不开供应链金融的持续稳定和健康发展。特别是分支机构层级众多、产业遍布全国的头部企业，纷纷成立专业的部门或供应链平

---

①　陈婷婷，供职于招商银行北京分行。

台，自上而下推动全集团供应链金融发展。商业银行如何发挥自身优势，为集团企业提供集中统一的供应链金融服务，实现银企长期稳定合作，服务实体经济，值得深思和探讨。

一、集团企业供应链金融发展现状

本文所研究的集团企业供应链金融，适用于成员单位为集团下属分公司或下属全资子公司，集团及其下属成员单位具有集中统一的财务管理制度的情形。

（一）集团企业特点

集团企业主要体现为以下四大特点：一是产权结构复杂化。通过参股、控股等多种产权形式把众多企业联合在一起，形成一个多层次的内部组织结构。持股方式，既有垂直持股，也有子公司之间的交叉持股，以及子公司对其他国有、民营、外资企业的参股或控股等形式，集团企业内部的产权关系复杂。二是经营战略多元化。集团企业规模庞大，财力雄厚，经营战略在沿产业链上下游进行拓展的同时，涉足多个领域的产业竞争，从而快速实现整个集团的资本扩张与资产增值。三是经营主体多元化。母公司与被控股的子公司在法律上是彼此独立的法人实体，以产权为纽带结合产生控制与被控制关系。四是生产经营跨区域化。集团企业由多个企业的联合或不断兼并收购其他企业而成，整个集团已超地区限制，地理分布呈分散状态。

基于上述四大特点，集团企业供应链产业链的触角不断延伸，链上的内外部供应商、分销商、物流商众多。以中石油集团为例，仅上市公司主体——中国石油天然气股份有限公司，在全国就设有超过1000家分支机构，其下设勘探与生产分公司、炼油与化工分公司、销售分公司、天然气与管道分公司等一级分公司，每个板块一级分公司下设地区二级分公司，整个供应链上的一级供应商就过万家[1]。因此供应链金融服务的对象不单是集团企业及其下属成员单位本身，更是产业链生态圈上的众多大中小企业。

（二）当前集团企业供应链金融的主流模式

目前市场上供应链金融的主流模式分为两类：一类是围绕核心企业信用开展"1+N""N+1""1+N+…+N"供应链金融服务；另一类是成立供应链平台，专业从事供应链外包服务，撮合资金方和融资方，最终达成供应链金融服务。两种模式的立足点都是围绕资信良好的核心企业，以核心企业的信用输出开展供应链金融服务。而去中心化，跳出核心企业，依托供应链上的商业流、交易流、信息流、资金流建立风控模型，开展供应链金融的案例并不多见。

1.核心企业供应链金融。核心企业和上下游众多供应商或分销商，大多数是长期稳定的合作关系，核心企业在链条上占主导地位，决定着贸易条件、质量标准、结算条款。该模式中，金融机构（如财务公司、商业银行等）或类金融机构（如商业保理公司）依托核心企业的信用，围绕核心企业上下游贸易背景产生的应收应付账款开展融资业务，比如应收账款保理、商票贴现、国内信用证议付、电子债权凭证（如云信、银信等）融资等。集团企业本部及下属各级分子公司都可能是核心企业，金融机构需要对各个核心企业授信，为供应商或经销商解决融资问题，因此在同一个集团出现了多个以成员单位为核心的分散型小供应链金融。

2.供应链金融平台。目前部分集团企业专门成立了供应链公司或电商平台，由集团下属的商业保理公司或财务公司牵头管理。供应链平台将供应商、制造商、分销商、物流商、金融机构、信息技术公司等参与主体的采购、生产、销售、物流、政务、金融等行为链接在一起。平台一头为集团的供应链管理提供系统支持，另一头对接提供资金的各金融机构业务系统。供应链平台用

---

[1] 资料来源：中国石油天然气股份有限公司官网http://www.petrochina.com.cn。

户主要是核心企业和供应商两大角色，用户根据自身的需求偏好，选择不同金融机构的产品，以满足金融服务需求。

（三）当前集团企业供应链金融存在的问题

1.供应链金融总额难以有效管控。目前，大部分集团企业供应链支付与融资的总量，没有从集团层面进行管控，甚至缺乏有效手段进行管控。集团无从知晓下属成员单位实际经营中使用何种供应链工具支付，支付体量是否超出成员单位偿债能力，是否超出集团整体偿债能力，是否重复支付，供应链融资是公开或是隐蔽等问题。分散在各成员单位的供应链金融信息不透明，如若成员单位的信用无序或过度扩张，将会使集团存在较大的表外债务风险隐忧。

2.集团供应链金融形似集中，实质分散。集团企业本部承担管理职能，实际经营下沉在全国各区域的分子公司，各成员单位的供应链生态运行是否顺畅，取决于其履约付款能力以及对链上企业的扶持意愿。为控制风险，金融机构又回归到传统授信方式，撇开供应链生态圈，单独评估每个成员单位的信用状况，逐一批复供应链融资额度。集团企业供应链金融的整体性和统一性，被逐一授信的传统模式割裂开。分散在全国区域的各级分子公司，分别与各属地金融机构开展合作，流程复杂，效率低下，远不能达到集团企业金融资源的最优化整合。

3.集团企业与金融机构在供应链金融合作诉求上存在偏离。一些集团企业本意希望通过供应链金融工具解决清欠问题，支持多级拆分、多级流转、多级融资，提升供应链金融工具的灵活性和流动性，并以此提升集团企业的商业信用。链上企业如有融资需求，能从金融机构获得融资，随着供应链金融工具剩余期限缩短，融资利息减少，可大幅降低融资成本。但金融机构作为供应链金融工具的提供方，并不满足于作为支付结算和资金清算的服务商，更愿意作为资金方从供应链金融工具的融资中获取利息收入。由金融机构主导的供应链金融市场，产品设计以融资为主，产品覆盖面停留在一级、二级供应商，并不能满足全链条各级供应商的金融服务需求。另一些大的集团企业经营范围不断触及金融领域，利用自己在供应链中的地位和资源优势，自创了类票据的电子债权凭证，对商业银行的供应链融资业务产生了一定的替代。同时，因其缺乏监管，核心企业与供应链平台存在关联关系，在贸易背景真实性、交易公平性、系统安全性、业务合规性等方面容易隐藏新的风险。

4. 供应链金融产品纷杂，服务标准不统一。供应链金融本质上是围绕贸易活动的应收应付关系开展的支付与融资，可能涉及应收账款、票据、国内信用证等各类产品。因市场接受度、企业使用习惯、金融机构考核导向等原因，集团企业在选择供应链金融产品时，无法清晰地作出判断，各类供应链金融产品应上全上。然而在实操中，选择不同的供应链金融产品，核心企业和供应商需提供的资料、手续、流程、标准都不一样，导致内外部沟通协调成本高，服务效率低下。

二、商业银行的供应链金融服务

目前商业银行开展供应链金融依然是以核心企业为中心，为核心企业的上下游提供金融服务。商业银行通常以资金提供方、平台技术服务商的角色参与其中。资金提供方式又分为直接提供和间接提供，以下简要介绍商业银行三种主流的供应链金融服务模式。

（一）直供模式的供应链金融

商业银行直接向链上企业提供资金支持，通过应收账款保理、国内信用证议付、票据支持（包括承兑银票、为商票提供保证、票据贴现）等方式解决链上企业的融资需求。商业银行需对各个融资主体履行客户准入、贷前调查、贷中审核、贷后跟踪等职责。直供模式下，商业银行对供应链企业逐个营销、逐个了解、逐个办理、逐个做贷后管理、逐个催收，面临巨大的操作成本、交易成本和机会成本。

（二）联合模式的供应链金融

商业银行不直接面向链上企业，而是与集团企业下属的财务公司或保理公司合作，以联合保理或再保理的方式进行资金投放。在联合保理业务模式下，财务公司首先对供应链企业的应收账款进行归集，履行贷前调查、应收账款转让登记、审核供应商融资手续后，商业银行按照与财务公司约定的比例进行放款。其次在再保理业务模式下，保理公司先行对供应链企业的应收账款发放保理融资，在获取应收账款债权后，再向商业银行申请保理。如果将保理融资替换为票据融资，则是商业银行对供应链企业开展财司票保贴业务，对财务公司开展财司票转贴业务[①]。

联合模式下，财务公司或保理公司对集团的下属成员单位、供应链情况比商业银行更为了解和熟悉，借助集团系统性优势，可深入调查供应链贸易背景的真实性、债务人履约能力和资金兑付能力，并能批量营销成百上千家上下游企业，极大减轻商业银行在操作成本上的压力，在贷款定价上对商业银行具有较强的议价能力，在一定程度上提升了供应链金融服务效率，降低了链上企业的融资成本。

（三）为供应链金融平台提供技术服务

供应链金融是供应链与金融的融合，商业银行对供应链金融平台提供的技术服务，在很大程度上只是提供金融产品服务，在商业银行特许的经营范围内为平台的支付、结算、清算、融资提供系统支持和资金支持，但无法深度参与供应链采购、生产、销售、物流等环节的活动。单一银行搭建的供应

---

① 2019年银保监会下发《关于加强商业保理企业监督管理的通知》，对保理公司开展票据业务的行为进行了约束和限制。

链平台因监管限制、自身实力、风险偏好、客户准入等因素，对其他同业竞争对手具有排他性，提供的产品单一，无法满足链上不同企业的不同需求。因此集团企业供应链金融平台，由集团下设专门的部门或成立专业公司搭建，平台的金融产品系统与多家商业银行对接，从而提升产品的丰富性和资金渠道的多样性。

三、票据在集团企业供应链金融的独特优势

当前的供应链金融能在一定程度上有效盘活核心企业上下游的应收应付账款，缓解链上企业的资金压力，但也存在集团内部金融资源割裂、可视性差、总额难以管控、供应链金融产品纷杂、服务标准不一、参与主体协调难度大、操作成本高、供应链平台迭代升级效率低等弊端。票据集融资与支付功能于一体，融资门槛低、成本低，具有其他供应链金融工具无可比拟的优势，并在普惠金融和实体经济发展中起到了疏通"毛细血管"的重要作用，上述弊端通过票据可以得到有效解决。

（一）票据具有完善的法制建设和监管环境

自1984年《商业汇票承兑、贴现暂行办法》颁布起，人民银行陆续颁布了《再贴现实行办法》《票据管理实施办法》《支付结算办法》等一系列规章制度；1995年，全国人大通过《中华人民共和国票据法》，在立法层面有效规范票据行为，保证了票据的正常使用和流通。2016年，人民银行发布了《关于规范和促进电子商业汇票业务发展的通知》，如今电子票据的市场占有率已达99%。此外，面对票据创新从传统的银行理财到银信合作再到信托、互联网理财等层出不穷的局面，监管部门也及时加大了监管力度。

票据市场从试点探索到繁荣发展的各个阶段，配套的法制建设和监管环境都比较规范完整。随着票据业务规范性的不断提高，票据市场参与者的后顾之

忧得到有效解决，增强了市场开展票据业务的信心，使票据具备其他供应链金融产品无可替代的法制环境优势。

（二）票据具有高度契合供应链金融发展的特点

票据因贸易活动而产生，在支付、结算、融资中发挥了不可替代的作用，天然契合供应链企业的需求。一是票据具有支付结算功能，在企业间背书流转实现支付，使应收应付款项得以转销，优化财务结构，降低企业资产负债率。二是票据具有融资功能，持票人可向商业银行申请贴现获得资金。三是票据具有法律保障功能，受《中华人民共和国票据法》约束和保护，相比其他供应链金融工具，债权债务关系清晰，付款期限明确，能有效保障链上企业权益，促进供应链协同发展。四是票据具有凭证格式、记载事项统一，高度标准化功能。五是票据具有信用传递功能，核心企业通过票据将信用传导至末端长尾客户，可实现核心企业信用的全链条共享，减少链上企业经营资金占用，有效解决中小企业融资难题。

（三）票据具有完善的基础设施和发达的票据市场

2016年12月8日，上海票据交易所作为全国统一的票据交易平台正式开业运营。自成立以来，上海票据交易所统一标准，制定规则，显著提升了我国票据市场的规范化、市场化和专业化水平。目前，上海票据交易所系统接入的法人机构超过3000家，系统参与者超过10万家，几乎覆盖全国从事票据业务的所有金融机构。

随着上海票据交易所的成立，票据市场规模持续增长，已经成为金融市场体系的重要组成部分。2021年，全年票据市场业务总量167.32万亿元，同比增长12.87%。其中，承兑金额24.15万亿元，增长9.32%；背书金额56.56万亿元，增长19.84%；贴现金额15.02万亿元，增长11.93%；转贴现金额46.94万亿元，增长6.41%。票据贴现、转贴现与债券回购、同业拆借共同构成货币市场的重要组成部分。

（四）票据具有强劲的自我进化能力和创新变革能力

近几年，票据产品创新蓬勃发展，票据新产品不断涌现：一是"票付通"，填补互联网仅现金支付的空白，满足电商平台用户票货对付需求。二是"贴现通"，依托全国性的贴现服务平台，着力解决未贴现票据的融资与流通难题，实现待贴现票据和待投放资金的精准匹配。三是供应链票据，从源头推进应收账款票据化，将票据嵌入供应链场景，可多级分拆、转让、融资，提高企业用票灵活性，解决企业持票金额与付款金额不匹配的痛点。四是标准化票据，实现票据市场和资本市场的融通，提升票据二级市场的活跃度，进一步降低企业融资利率。此外，上海票据交易所还推出票据账户主动管理服务与商票信息披露机制，加快培育我国商业信用体系，规范企业用票行为，防范票据市场的操作风险、道德风险、信用风险等。票据产品不断推陈出新，有效提高了票据服务实体企业的直达性，未来票据在供应链、科技创新、普惠金融等方向的创新，将会极大丰富票据市场内涵，不断契合我国经济高质量发展的目标。

（五）票据能有效解决集团企业供应链金融的需求与痛点

一是票据为集团供应链金融的支付与融资总额管控提供了有力手段。依托票据账户主动管理功能，集团企业可锁定开展票据业务的主要账户，从而规避票据账户多而分散且无法管控下属成员单位的开票行为的风险，并通过商业银行的集团网银功能，从集团对下属成员单位的网银功能分级授权，对开票额度实施管控，防范表外供应链业务失控的风险。集团公司可指定票据系统稳定、功能完善的商业银行或下属财务公司作为票据业务主账户。

二是票据为集团供应链金融的信用风险管理提供了可靠依据。商票信息披露机制，从制度上规范了企业、财务公司的信息披露行为，明确了逾期兑付的公示惩戒后果，一方面鼓励承兑人积累、珍视自身信用，树立良好的信誉口碑；另一方面逐步建立承兑人信用约束机制，改善票据信用环境，为集团企业供应链产业链打造良好的票据生态环境。

三是票据为集团供应链金融资源的充分使用提供了有效路径。票据从承兑、保证、背书、贴现等多个环节引入增信方式，通过票据关系人（出票人、承兑人、保证人、收款人、背书人）角色的切换，将银行信用或优质的商业信用以票据为载体植入贸易活动，为集团及其下属子公司的票据流动性注入活力，将分散割据的授信资源整合，既达到集团为下属子公司纾困的目的，又能实现集团供应链金融资源效益最大化。因此，集团企业在统筹年度担保额度时，可通盘将票据信用输出纳入进来，避免集团金融资源分布不均导致的闲置浪费或需求难解的矛盾。

票据市场是一个开放、成熟、发达的货币子市场，参与主体众多，票据的跨行业、跨市场、跨区域流通，对破除行业壁垒、打破行业藩篱、盘活集团企业内外部长期积压的应收账款和应付账款、节约链上企业资金流起着不可替代的作用。另外，票据链条公开透明，使集团企业的供应链金融支付与融资总量可控、可追溯，可有效防范系统性风险和交叉传染的风险。因此，集团企业在供应链场景中嵌入票据产品，从源头推动应收账款票据化，是开展供应链金融的最优选择。

四、商票服务集团企业供应链金融的几点建议

商票是商业信用的重要载体，除了具有结算和融资属性，还具有信用属性，对优化企业资金配置、提高交易效率起着重要作用。供应链金融向链上企业延伸发展时，依托核心企业信用，零保证金、零手续费的商票备受集团企业青睐。对于如何充分发挥商业银行在服务集团企业供应链金融的作用，将商票优势运用于服务实体经济中，本文从集团企业、商业银行、政府监管部门角度提出相应建议。

（一）正视集团企业与商业银行在供应链金融合作中的关系

集团企业与商业银行在供应链金融合作上要有清晰的定位，职责分工要明确，专业的事情交给专业的机构做，集团企业与商业银行应合理分工、相互配合。供应链金融平台应由集团企业主导搭建，商业银行提供支付清算渠道和资金支持。从供应链金融平台的搭建来看，将链上的商流、物流、信息流所涉及的合同、订单、发票由线下搬到线上，实现在线招投标、在线签署协议、在线下单、在线物流跟踪、在线签收、在线售后服务等，打破企业原有的经营习惯，必须是集团企业利用强势地位和利益引导来实现。商业银行作为金融服务商，提供支付清算和资金支持，但供应链上企业不一定同时都需要银行的金融服务，而银行需要这些主体的配合（例如准入需要开户以及所必需的证照资料等），单一银行很难利用金融服务使各级供应商全部业务上链。因此，可持续的供应链金融平台，需要集团企业主导搭建，多渠道对接各个商业银行的金融服务。

在互联网信息科技高速发展的时代，供应链平台各参与主体分工协作是否井然有序，直接影响供应链平台的稳定与迭代更新能力。在集团企业庞大的供应链生态中，集团企业与商业银行唯有清晰的职责定位、专业的分工协作，才能使整个集团的供应链金融爆发出强大的生命力。

（二）集团企业应发挥供应链平台的统领作用

在供应链平台搭建上，应对系统建设者或开发商设置门槛要求，确保供应链信息的真实性。集团企业作为供应链平台的牵头人，对集团整体的供应链金融运行情况负责，首先应确保供应链信息真实、合法、有效，这样既是对各个参与者的保护，也是保证供应链平台系统稳定和迭代更新能力的要求。

在供应链平台运行上，集团企业应建立有效机制，自上而下推动下属成员单位，由内而外推动供应链上企业购、产、销等各环节活动通过供应链平台实现线上化，为集团决策提供全面、准确、集成的信息服务。集团视自身需要，向合作银行开放和共享，提高银企互认和互信，为商业银行的风险监测、行业认知、授信支持提供可靠依据。

在供应链金融的选择上，集团企业可选择高度标准化的票据产品，从集团设立制度规范，优选票据系统完善的商业银行合作，从制度层面、系统层面，对集团供应链总额进行管控、对集团的金融资源进行规划，对下属成员单位的供应链金融行为进行指导，对链上企业的融资进行扶持，通过开放式的ECDS电票或闭环式的供应链票据，全流程管理供应链贸易活动和金融活动。

在供应链金融的目标上，集团企业应立足打造共生共荣的供应链生态圈，提升集团产业链供应链集群的整体竞争力。集团、下属成员单位、平台建设者、链上企业、合作银行等参与主体，均应以这个目标开展供应链金融业务，避免强势主体对链上企业利益的侵蚀和盘剥，从而加重链上企业负担。供应链金融的经济效益，应嵌入具体的供应链场景和商务合同，在明确了支付方式、账期、融资利率的前提下，各参与方应遵从契约精神，共同维护健康稳定的供应链生态。

（三）商业银行应不断提升供应链金融服务能力和创新能力

在金融系统服务上，商业银行对接集团企业供应链平台的金融服务应尽量标准化、可视化、统一化，通过高度标准化的票据产品，比如ECDS电票、供应链票据、未来的数字化票据，各商业银行应在上海票据交易所统一的票据业务规则和数据接口规范下进行票据系统开发，减少因数据接口不一致、多头开发、排他性导致的系统资源浪费和协同效率低下。

在金融产品服务上，商业银行应不断提高金融产品的创新能力，避免金融产品的高度同质化卷入价格竞争。对票据产品而言，在票据业务线上化和信息化方面，商业银行应从企业准入、业务申请、业务审核、业务放款、贷后回检等关键环节，提高票据业务线上化水平和系统自动化水平，例如市面上已经出现了在线贴现、在线承兑、发票云等。在票据产品创新方面，商业银行应从企业各类支付场景中摸索出解决企业支付痛点和融资难点的票据产品方案，将银行信贷资源与企业支付融资需求有机结合，例如市面上已有银行探索出"全国做一家"的商票通、商票多体增信、财务公司直转联动的合作模式。

在金融风险控制与评估上，商业银行应跳出围绕核心企业信用开展供应链金融的思维定式，通过与集团企业的供应链信息共享合作，通过上海票据交易所公开的商票信息披露数据，构建智能化信息系统、信用评估和风控体系，提高行业认知和客户风险识别能力，多渠道探索信息贷、流量贷、数字贷、账权池等新型授信融资方式，商业银行可总对总给予集团企业专项商票融资总额度，下属成员单位按授权切分或共享商票融资总额，从而提高授信效率。

（四）政府监管各部门应共同呵护商票市场环境

供应链金融的发展需要各政府监管部门共同推进，提供完善的基础设施和良好的运营环境，鼓励并激励集团企业、商业银行、供应链平台、供应链上企业积极参与供应链金融建设，优先使用高度标准化、市场化的票据产品，提高企业对商票的认知和接受度，培育良好的商票市场环境。

商票赖以依存的企业信用土壤，需要央行牵头企业征信、信息披露、企业信用评级等机制与系统建设，需要上海票据交易所对商票披露信息定期通报和公示。商票通畅的供应链融资环境，需要监管部门给予统一的指导和规范，监管标准不一，容易引发钻监管漏洞、多头融资、重复融资的风险。国家应出台统一的发票签注和登记平台，监管数据全国打通，避免地区差异化监管导致的企业寻租行为。尤其是集团企业的供应链跨区域特征明显，不应出现地区监管差异导致链上企业融资的难易程度有差别的问题，同样也不应出现不同的供应链金融产品导致贸易背景审核的尺度不一样的问题。

参考文献

[1] 鲁顺.供应链金融平台不应该银行搭建，应该由核心企业、供应链

企业搭建 [EB/OL]. 五道口供应链研究院 .（2020-08-19）. https://xw.qq.com/cmsid/20200819a0sqc500?f=newdc.

[2] 服务构建新发展格局　推动票据市场"十四五"高质量发展——专访上海票据交易所董事长宋汉光先生 [J]. 中国货币市场，2021(5):6-10.

[3] 推动供应链票据发展　助力双循环新发展格局——访上海票据交易所副总裁孔燕 . [2020-11-18]. https://www.financialnews.com.cn/zq/zj/202011/t20201118_205685.html.

[4] 汪武超 . 中国票据市场发展的历史沿革 [M]// 上海票据交易所 . 中国票据市场：历史回顾与未来展望 . 北京：中国金融出版社，2018.

[5] 白万纲 . 央企集团类型及特点 . [2016-09-22]. http://blog.sina.cn/dpool/blog/s/blog_4b2fce870102x1wh.html.

国际经验

国际金融动态

上海票据交易所　编译

电子贸易单据立法提案纳入英国国会议程

2022年5月10日，英国国会开幕，王储宣布38项立法提案，其中包括电子贸易单据法案。若该法案通过，电子汇票、本票、提单和仓单等就可在英国法律下获得合法地位。在法律层面的调整以外，电子贸易单据法案还具有更广泛的影响，可能影响到英联邦大部分地区，并且加速贸易电子化转型。除了54个英联邦国家，这一法案还可能影响到其他地区基于英国法律开展贸易活动的企业和行业，其使用的贸易单据占到全球的近80%。

由于电子贸易单据法案少有议员或机构反对，因此预计最早将于2022年末获得通过。通过后，企业就可使用以电子形式生成和保存的贸易单据。单据电子化和贸易电子化，将使英国能够逐步与新加坡等建立的国际贸易走廊相连接，并逐渐扩大范围。英国政府已在与澳大利亚和新西兰等国就此开展积极谈判。

资料来源：*Electronic Trade Documents – The Queen's Speech to The State Opening of The UK Parliament*（www.itfa.org）。

贸易融资资产特点和投资者偏好

近年来，出于规避固定收益市场大幅波动和抛售风险的考虑，投资者越来越关注贸易融资领域。2020年以来，贸易融资投资策略表现出的韧性引来了更加多元化的投资者群体。这一领域资产管理公司的日益增多，也是投资者兴趣增加的一个表现。

贸易融资资产属于防御型固定收益投资策略。许多投资者喜欢贸易融资资产的超短期限（平均为90天）。同时，债券和股票市场的波动对短期贸易融资资产组合没有重大影响，贸易融资投资的年化波动率显著低于债券投资的波动率。因此，经营良好的贸易融资策略表现出的超低波动性，引发了寻求资产多元化和下跌风险保护的投资者的关注。此外，投资者还被贸易融资策略的复杂性溢价（complexity premium）所吸引。贸易融资类投资是运营密集型领域，并且存在较多进入壁垒。市场上持续存在的贸易融资资产供应缺口，一定程度上导致同一发行人的贸易融资资产利差通常优于其信用违约互换和所发债券利差。

资料来源：*Trade Finance: A Resilient Asset Class for Any Market Environment*（www.itfa.org）。

2021年全球可持续发展债券市场数据

国际资本市场协会（ICMA）近日发布全球可持续发展债券市场数据。2021年全年，全球可持续发展债券发行量首次超过1万亿美元，同比增长75%。其中，欧洲发行人发行量折合4690亿美元，占全球市场的46%。亚洲、跨国机构和美国的发行人分别发行1730亿美元（17%）、1660亿美元（16%）和1480亿美元（14%）。此外，2021年可持续发展挂钩债券发行量达910亿美元，是2020年的10倍。各类别可持续债券发行规模见图1。

2022年第一季度（截至3月18日），全球可持续发展债券发行量为870亿美元，2021年同期为1710亿美元。

目前，国际上绝大多数可持续发展债券的发行是基于国际资本市场协会（ICMA）的标准。2021年，符合ICMA《绿色债券原则》、《社会责任债券原则》、《可持续发展债券指引》和《可持续发展挂钩债券原则》的可持续发展债券发行量折合9980亿美元，占全球发行总量的98%。

10亿美元

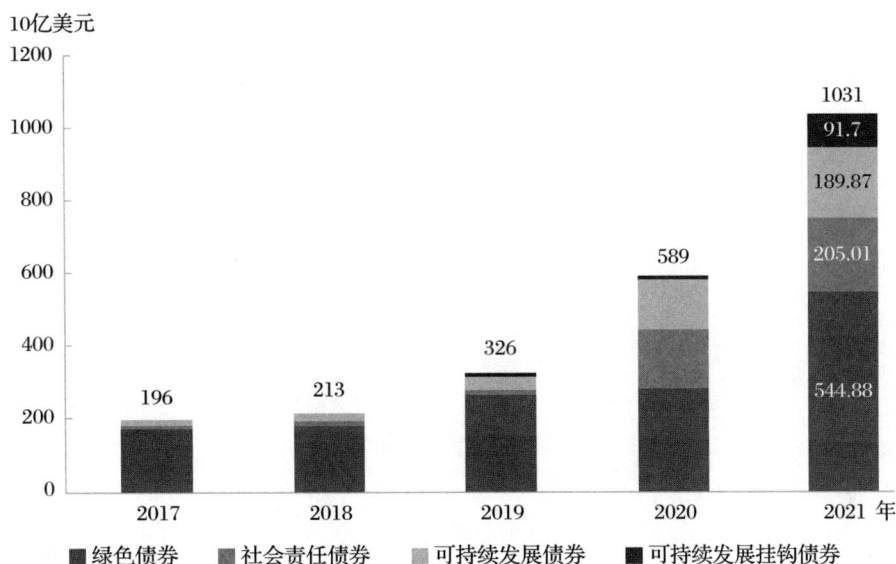

图1　各类别可持续债券发行规模

资料来源：*Sustainable Finance*（www.icmagroup.org）。

2021年全球保理业务数据

国际保理商联合会（FCI）近日发布全球保理业务数据。2021年，全球保理业务总量约为30690亿欧元，同比增长12.6%（2020年新冠肺炎疫情曾导致业务量同比下降6.5%）。

欧洲地区保理业务规模约占全球的69%，达21180亿欧元，同比增长14.8%。亚太地区业务量约占全球的24%，为7260亿欧元，同比增长4.2%。其中，涉及中国的为5380亿欧元；日本业务增长率为14.5%，达590亿欧元；印度业务增长率达141%，为86亿欧元。美洲地区保理业务量占全球总量的6%，为1830亿欧元，同比增长约22%（2020年曾下降30%）。其中，南美洲和中美洲在全球保理业务总量中占比接近3%，为860亿欧元，同比增长3%；北美保理业务量占全球的3%，为970亿欧元，同比增长45.7%（2020年曾下降23%）。

资料来源：*FCI Releases World Factoring Statistics*（www.fci.nl）。